Mit über 100 Farbbildern,
fotografiert von Sven Simon
Redaktion Friedemann Bedürftig

Delphin Verlag

24 Fußball-Mannschaften aus vier Kontinenten hatten sich für die XIII. Fußball-Weltmeisterschaft in Mexiko

qualifiziert. Ihr Ziel: das Endspiel im Azteken-Stadion von Mexico City am 29. Juni 1986.

Die Eröffnungsrede des mexikanischen Präsidenten Don Miguel de la Madrid fand bei seinen Landsleuten ein negatives Echo. Dennoch ließen sich die Zuschauer die Freude an den folkloristischen Darbietungen nicht verderben (oben und links). Ausgelassen und überschwenglich feierten sie den ersten Tag ihrer Fiesta mexicana. Immer wieder umrundete die „ola verde", die grüne Welle der Begeisterung das Stadion, bekundeten die Massen ihr Credo „Mexico, mi amor".

Eröffnung 5

Jubelnder Klaus Allofs! Sein Tor zum 1:1 gegen Uruguay bewahrte sein Team vor einem WM-Fehlstart.

Vorrunde

Grupppe A	**Gruppe B**
Italien	Mexiko
Bulgarien	Belgien
Argentinien	Paraguay
Südkorea	Irak

Gruppe C	**Gruppe D**
Frankreich	Brasilien
Kanada	Spanien
UdSSR	Algerien
Ungarn	Nordirland

Gruppe E	**Gruppe F**
Deutschland	Polen
Uruguay	Marokko
Schottland	Portugal
Dänemark	England

Beim Eröffnungsspiel Italien-Bulgarien haben sich beide Mannschaften nicht übermäßig strapaziert. Dem 1:0 durch Altobelli (rechts) folgte 5 Minuten vor dem Schlußpfiff der überraschende Ausgleich durch Sirakov. Insgesamt nur 55 Minuten und 27 Sekunden lang dauerte die Begegnung nach Abzug aller Unterbrechungen und Kunstpausen bei Einwürfen und Freißstößen, nach Torschüssen und Verletzungen. „Jetzt beginnt für uns ein Leidensweg", meinte Italiens Trainer Enzo Bearzot vor der internationalen Presse.

Vorrunde

Als „zweiter Sieger" ins Achtelfinale

Die Vorrunde der XIII. Fußball-Weltmeisterschaft war weder für Teamchef Franz Beckenbauer noch für die 22 bundesdeutschen Spieler das reine Zuckerschlecken. Es gab Querelen, Mißverständnisse bei den Beurteilungen, Streitigkeiten in den eigenen Reihen und mit den Kritikern, aber letztendlich doch den zweiten Gruppenplatz hinter den überragenden Dänen und damit ein (möglicherweise „leichteres") Weiterkommen im Turnier in Richtung Finale oder gar Titel.

Franz Beckenbauer wirkte ein wenig wie ein Zerrissener. Durch teils provokante („... was ihr schreibt interessiert mich nicht..."), teils mißverständliche Äußerungen geriet er unter Beschuß und mußte sich harscher Beurteilungen erwehren. Seine Äußerungen und sein Verhalten nach dem 1:1 gegen Uruguay, dem 2:1 über Schottland und dem 0:2 gegen Dänemark in der Gruppe E stießen oft auf Unverständnis, er blieb aber seiner Linie treu. Geriet er so ein wenig unverdient in ein gewisses Abseits? Sprangen die „informations- und gerüchte-gierigen" Presseleute zu hart, weil sie sich „beschimpft" fühlten, mit ihm um? Das Kaiser-Image war angekratzt...

Beckenbauer zog Vorrundenbilanz und bedauerte nicht, Teamchef zu sein. „Schwierigkeiten waren mir von Hause aus klar, aber die Presse werden wir nicht mehr mit ins Quartier nehmen. Wir haben das Team sehr gut vorbereitet und wir haben auch in allen drei Spielen gut gespielt. Daß wir das eine Spiel verloren haben, war unnötig, weil wir mit Sicherheit nicht die schlechtere Mannschaft waren!" Gegen die Dänen habe sein Team Pech gehabt, es gäbe halt so Tage, wo nichts reingeht. Wenn man kein Glück habe, könne man eben kein Spiel gewinnen.

Den Sieg über die Schotten hatte er hart kritisiert, nach der Niederlage gegen Dänemark stimmte er eine Lobeshymne an. Beckenbauer: „Das war meine vollste Überzeugung! Gegen die Dänen war die Leistung besser als gegen die Schotten. Wir haben drei gute Spiele geliefert, was halt nicht immer so zum Ausdruck kommt, wenn wir die Torchancen nicht verwerten können. Wir haben in allen drei Spielen riesige Torchancen gehabt."

„Bessere Vorrunde als in Spanien"

Beckenbauer beurteilte die gesamte Vorrunde positiv, weil „Fußball gespielt wird!" Optimistisch konnte der Teamchef nach der Vorrunde feststellen, daß „wir bisher alle Ziele erreicht haben" und daß er seiner Mannschaft den Vorstoß ins Halbfinale zutraue. „Mein Vertrauen entsteht aus der Beobachtung! Wir können die Marokkaner schlagen und auch Mexiko ist dann keineswegs unschlagbar!"

Der „Kaiser" blieb also fest, aber manchmal mögen ihm die Ohren über das, was da so geschrieben und gesagt wurde, ganz schön geklungen haben. Die Vorrunde in Mexiko brachte ihm wohl seine härteste Zeit, rechnet man seine Aktivitäten als überragender Spieler und als verantwortlicher Teamchef zusammen.

Die Bilanz der Vorrunde der XIII. Fußballweltmeisterschaft, deren 36 Spiele ausnahmslos und weltweit vom Fernsehen übertragen wurden, fiel in der Beurteilung sehr gemischt aus. Für die sozusagen offizielle Meinung seien Hermann Neuberger und Franz Beckenbauer zitiert. Hermann Neuberger, Präsident des Deutschen Fußball-Bundes und seit vielen Jahren auch Chef des jeweiligen WM-Organisationskomitées, meinte: „Sportlich und spielerisch bin ich sehr positiv überrascht worden. Diese erste Phase der WM brachte guten Sport, insgesamt bessere Leistungen, als vor vier Jahren in Spanien, wo ja erstmals mit 24 Mannschaften gespielt wurde. Es freut mich sehr, daß sich so viele europäische Mannschaften durchgesetzt haben."

Ähnlich positiv äußerte sich Franz Beckenbauer: „Insgesamt gesehen braucht man mit den Leistungen nicht

Argentinien gegen Südkorea, der Exweltmeister gegen die Fußballlehrlinge aus dem Land der nächsten Olympischen Spiele. Jung Yong Hwan foult Maradona (oben). Er bleibt trotzdem überragend und freut sich mit Pedro Pasculi (links).

unzufrieden zu sein. Es gab bisher mehr gute Spiele, als bei der letzten Weltmeisterschaft in Spanien."

Sein deutscher Rivale und Trainer des Geheimfavoriten aus Dänemark, Sepp Piontek, zog schon eine nicht mehr so positive Zwischenbilanz, und kam damit wohl der Meinung des sogenannten kleinen Mannes auf der Straße etwas näher: „Ich hätte mir mehr erwartet. In vielen Spielen wurde viel zu vorsichtig gespielt. Eine Reihe von Mannschaften hat ihre Karten noch nicht aufgedeckt."

Für Millionen von Fernsehzuschauern, die brav Tag um Tag viele Stunden vor dem Schirm saßen, waren die meisten Spiele eher enttäuschend. Sehenswert waren wohl immer die Treffen, an denen die Sowjets, die Franzosen und die Dänen beteiligt waren, dazu kamen noch ein paar Ausnahmen, wie etwa die spannenden Spiele zwischen Belgien und Paraguay, zwischen England und Polen und das sensationelle Spiel der Marokkaner gegen Portugal, das ihnen überraschend den Gruppensieg einbrachte.

Die Vorrunde brachte so wenige Tore wie noch nie, so viele „gelbe Karten" wie noch nie, sehr wenige wirklich gute Spieler; keinen neuen Star oder die Andeutung eines Supertalents; keine neuen Erkenntnisse, keine neuen Freißstoßtricks oder taktische Varianten. Dafür gab es aber eine ganze Menge von Fehlentscheidungen ziemlich schwacher Schiedsrichter-Trios, jubelnde mexikanische Fans mußten in Massen verhaftet werden, es gab einen Bestechungsverdacht, viel Filz, in den ersten Wochen technisch überaus mangelhafte Fernsehübertragungen und sogar einen Dopingfall.

84 Tore in 36 Spielen

In Zahlen sah die Vorrundenbilanz nüchtern so aus: 1,35 Millionen Eintrittskarten wurden verkauft, was wohl auf einen neuen Zuschauer-WM-Rekord hindeutete. 1982 gab es bei der ersten Weltmeisterschaft mit 24 Mannschaften in Spanien genau 1,856 Millionen Zuschauer. In der Vorrunde von Mexiko fielen in 36 Spielen 84 Tore, das sind im Schnitt 2,33, vor vier Jahren waren es zum gleichen Zeitpunkt 100 Tore. Sechs Spieler, darunter zwei aus Uruguay, wurden vom Platz gestellt. 75mal zückten die Schiedsrichter die gelbe Karte, 19mal mehr als vor vier Jahren. Acht Elfmeter wurden verhängt, davon aber nur fünf verwandelt. Die besten Torschützen waren der Italiener Altobelli und der Däne Elkjaer-Larsen mit je vier Treffern. Der bemerkenswerteste Goalgetter aber war der Engländer Gary Lineker, der beim 3:0-Sieg von England über Polen im letzten Spiel der Gruppe F einen glasklaren Hattrick mit drei Toren in einer Halbzeit schaffte. Südkoreaner und die Männer aus dem Irak wurden am häufigsten verwarnt, jeweils siebenmal.

„Fußballkrimi" in Gruppe F

Positiv war wohl anzumerken, daß sich mexikanische Höhe und mexikanische Hitze nicht so drastisch auswirkten, wie von vielen Fachleuten befürchtet, wobei allerdings alle Mannschaften recht vorsichtig zu Werke gingen, und sich viele Spieler als „Stehgeiger" auszeichneten. Neben dem Gastgeber Mexiko setzten sich auch alle vier südamerikanischen Teilnehmer in der Vorrunde durch, wobei Brasilien alle drei Vorrundenspiele ohne Gegentor gewann.

Von den sogenannten Kleinen schieden Südkorea, der Irak, Kanada und Algerien als sieglose Gruppenletzte aus, zeigten aber durchaus ansprechende Leistungen, verdienten, nicht mehr „Exoten" genannt zu werden, und schafften immerhin sogar durch Südkorea und Algerien je einen Punktgewinn. Die beiden weiteren Gruppenletzten hießen Schottland, was in der starken Gruppe E nicht überraschen konnte, und Portugal, dessen Ausscheiden allerdings gegen Marokko eine absolute Sensation war. Als schlechteste Gruppendritte blieben noch Ungarn, die sich eine vernichtende 0:6-Niederlage gegen die UdSSR eingehandelt hatten, und Nordirland auf der Strecke.

Nach der Auslosung hatte man die Gruppe E mit Dänemark, Deutschland, Uruguay und Schottland die „Todesgruppe" genannt. Der echte Krimi aber spielte sich überraschend in der Gruppe F ab, in der vor dem letzten Spieltag noch alles offen war. Die Engländer hatten sich mit einer 0:1-Niederlage gegen Portugal und einem 0:0 gegen Marokko bis auf die Knochen blamiert und wurden in der heimischen Boulevardpresse als „die Fußballtrottel

„Grazie Altobelli!" rief die römische „Corriere dello Sport" aus. Zu Recht! Ganz Fußball-Italien feierte „Kalle" Rummenigges Mannschaftskameraden bei Internazionale Mailand als den Retter. Erzielte er doch sämtliche fünf Treffer der Azzurri in der Vorrunde und sorgte so, was den Torerfolg anbetraf, allein für das Weiterkommen Italiens. Für seine gegnerischen Vorstopper, wie hier den von Südkorea, war er einfach eine Nummer zu groß (oben).

Strecken mußten sich die Belgier, wie hier Mittelfeldspieler Jan Ceulemans vom FC Brügge bei seinem Kopfball (unten), um die Vorrunde zu überstehen. Nach der Auftakt-Niederlage gegen Mexiko (1:2) erzielten die Belgier noch 3:3 Punkte. Als einer jener vier Gruppendritten, die das beste Punktverhältnis aufwiesen, erreichten sie gerade noch das Achtelfinale. Das 2:2 gegen Paraguay (unser Bild) war so gesehen ein Erfolg. Unter den letzten 16 aber warteten nun die in der Vorrunde so virtuos aufspielenden Russen auf das belgische Team.

Vorrunde 13

der Welt" hingestellt. Dann aber zogen sie sich mit einer unglaublichen Energieleistung im allerletzten Spiel an den eigenen Haaren noch aus dem Sumpf, schlugen dank der Tore des überragenden Stürmers Gary Lineker Polen 3:0 und schafften noch den zweiten Gruppenplatz hinter Marokko, das Portugal sensationell 3:1 ausgeschaltet hatte.

So wurden die Marokkaner zu der meist diskutierten Mannschaft der Vorrunde, denn sie spielten nicht nur ebenso artistisch wie ökonomisch, sondern machten auch noch durch ihre „märchenhafte Umgebung" Schlagzeilen. König Hassan ist ihr größter Fan, und soll sogar, wie ihr brasilianischer Trainer Faria der Öffentlichkeit verkündete, gelegentlich mit Hilfe eines Telefons, das sich in der Nähe der Spielerbank befinden soll, seiner Mannschaft höchsten königlichen Zuspruch zuteil werden lassen. Ob Faria auch taktische Tips vom König entgegennimmt, ist zweifelhaft...

Russen und Dänen im Torfieber

Imponierten die Wüstensöhne aus Marokko also vor allem durch ihren sensationellen Gruppensieg, so überzeugten Sowjets, Franzosen und Dänen durch ihre soliden Leistungen, wobei die Russen durch ihr 6:0 über Ungarn und die Dänen durch ihren 6:1-Triumph über die überharten Spieler aus Uruguay Glanzlichter setzten. Titelverteidiger Italien „schummelte" sich sozusagen ins Achtelfinale, spielte zweimal Unentschieden und gewann dann mit Müh und Not durch drei Tore seines Stars Altobelli dünn 3:2 gegen Südkorea.

Praktisch alle „Fußball-Entwicklungsländer", einschließlich der punktlos ausgeschiedenen Männer aus dem Irak und aus Kanada, haben inzwischen Anschluß an mittleres Weltniveau gefunden, müssen von den sogenannten Großen ernst genommen werden, ja sogar wie diesmal Marokko, gefürchtet. Was ihnen mehr oder weniger noch fehlt, drückte Detmar Cramer, einst weitgereister FIFA-Trainer, so aus: „Sie brauchen noch Selbstvertrauen in die eigene Leistung und vor allem eine bessere praktische Organisation des Fußballs im eigenen Lande."

„Platinissimo", der Superlativ der Superlative schlechthin, wenn man in den letzten Jahren vom Fußball sprach, startete langsam. Gegen Kanadas Freizeitkicker ging er eher unter, statt aufzutauchen. Randy Samuel, schwarze Perle mit rotem Ahornblatt auf der Brust, bewachte Frankreichs Michel Platini unerbittlich (oben). Nach dem Spiel meinte der französische Mittelfeldstar in den Diensten von Juventus Turin mit seinen 31 Jahren: „Das war

Mit dem Problem des Dopings werden die Fußballbosse nach wie vor noch nicht so richtig fertig. Der spanische Mittelfeldspieler Caldere vom FC Barcelona hatte nach dem Vorrundenspiel gegen Nordirland eine positive Dopingprobe abgegeben.

Der „Doping-Fall" Caldere

Dennoch sah die FIFA von einer Bestrafung des Spielers und seiner Mannschaft ab, da er bei einem Krankenhausaufenthalt wegen einer Salmonellen-Infektion mit verschiedenen Medikamenten behandelt worden war, von deren Zusammensetzung er nichts hatte wissen können. Der Fußball-Weltbund beließ es bei einer Geldstrafe in Höhe von 25000 Schweizer Franken für den spanischen Fußballverband und bei einem strengen Verweis für den Mannschaftsarzt Guillen, dem die alleinige Schuld gegeben wurde. Irritierend war, daß der positive Befund eine Woche lang unter Verschluß gehalten worden war. Man begründete dies mit der Tatsache, daß schon an Ort und Stelle festgestellt worden war, daß der betroffene Spieler nichts dafür konnte. Die FIFA ging erst dann mit einer Erklärung an die Öffentlichkeit, als Journalisten von dem Fall erfahren hatten.

Die deutsche Mannschaft schlug sich mit Mühe durch die Gruppe E, erkämpfte im ersten Spiel gegen Uruguay ein recht mageres 1:1, besiegte dann Schottland 2:1 und verlor schließlich im Spitzenkampf gegen Dänemark in einem sehr eigenartigen Spiel 0:2. Das brachte ihr mit 3:3 Punkten und einem Torverhältnis von 3:4 den zweiten Gruppenplatz ein.

Rummel um Rummenigge

Im deutschen Lager sprach man eigentlich mehr von Querelen als von spielerischen Leistungen. Immer wieder muckten vor allem die Spieler der zweiten Garnitur gegen ihre Nichtnominierung auf, es gab ein unsinniges Gerangel zwischen Karl-Heinz Rummenigge und Harald Schumacher, wobei Rummenigge mit seinem Vorwurf des „Kölschen Klüngels" viel Unruhe ins Team brachte.

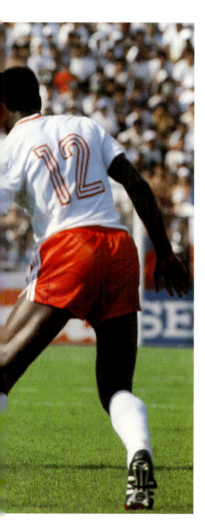

nicht mein Tag. Heute habe ich gemerkt, daß ich langsam älter werde." – Jean Pierre Papins Tor, 11 Minuten vor Schluß, rettete den Europameister vor einer Blamage zum Auftakt gegen Kanada. – Beim anschließenden 1:1 gegen die Russen ging's schon besser. Schließlich ist die Équipe Tricolore einer der großen Favoriten dieser „Mundial" und Platini der eigentliche Garant dieser Favoritenstellung. „Allez France!"

Hugo Sanchez am Boden; Michel de Wolf, der belgische Vorstopper, hat wohl im Augenblick seine Aufgabe gelöst, nämlich den gegnerischen Stürmer am Toreschießen zu hindern. 2:1 gewann das Veranstalterland Mexiko trotzdem gegen „die roten Teufel" (hier allerdings in weißen Leibchen). Hugo Sanchez, Liebling und personifizierte Hoffnung der mexikanischen Massen, beim großen Real Madrid unter Vertrag, schoß sein Tor. Statt am Boden zu liegen, führte er dann einen Handstand-Überschlag vor. „Hugoito" kann eben alles.

Der frühere „Kapitän" der deutschen Nationalmannschaft, der aufgrund von Verletzungen nicht hundertprozentig fit war und in allen drei Vorrundenspielen nur als Austauschspieler gegen Schluß in den Kampf eingriff, wurde offensichtlich mit seiner Rolle als „Joker", besser gesagt, als Ersatzspieler, nicht fertig.

Der „Kaiser" und die Journalisten

Nach Meinung von Beobachtern gab es praktisch jeden Tag irgendeinen „Knatsch" im deutschen Mannschaftshotel, während die Mannschaftsleitung dies nicht so sah. Ein Grund für die oftmals sehr hektische Stimmung war offenbar auch die Anwesenheit von mehr als hundert deutschen Jounalisten im Mannschaftshotel, wodurch sich die Spieler nahezu auf Schritt und Tritt beobachtet fühlten und sich fast bei jeder Tätigkeit von einer Fernsehkamera beobachtet glaubten. Das erzeugte Unruhe, unnötigen Druck, Ärger und manche verbale Entgleisung, weswegen es die Anwesenheit von so vielen „Privatdetektiven" künftig nicht mehr geben soll.
Franz Beckenbauer befand sich sehr oft im Clinch mit den Medien, und er verblüffte Kritiker und die Millionen Fans zu Hause mit sehr eigenwilligen Interpretationen von Spielen. Er legte sich mit einem mexikanischen Journalisten an, er bescheinigte der versammelten deutschen Presse, daß es „ihm völlig wurscht sei, was ihr schreibt", er fand die Berichte über die Spiele seiner Mannschaft in Mexiko so „unwichtig, als ob in Peking ein Radl umfällt", und er bescheinigte auch seinem dänischen Konkurrenten Piontek, daß es ihn grundsätzlich nicht interessiere, was der sage, weil Piontek wohl Minderwertigkeitskomplexe habe. Vielleicht gibt es da tatsächlich so etwas wie Aversionen zwischen den beiden, verlor Sepp Piontek doch 1966 seinen WM-Platz, als der 20jährige Beckenbauer ins Team aufrückte.

Deutschland gegen Uruguay

Trotz aller internen Schwierigkeiten, die Franz Beckenbauer zum Mißvergnügen einheimischer Kindergärtnerinnen gelegentlich „Kindergartenspiele" nannte, kämpfte sich die deutsche Mannschaft ins Achtelfinale durch und fand wahrscheinlich sogar als Gruppenzweiter den leichteren Weg zum Weiterkommen. Im ersten Spiel gegen Uruguay wäre die Sache schon beinahe schief gegangen, als sich der Münchner Lothar Matthäus in der fünften Minute einen grausamen Fehlpaß leistete und Alzamendi dieses Geschenk zum 1:0 nutzte. Die Deutschen erholten sich jedoch von dem Schreck und der Kölner Klaus Allofs sicherte fünf Minuten vor Schluß das Remis. Die Uruguayaner, die später wegen ihrer übergroßen Härte und Unfairneß vom Weltverband mit einer hohen Geldstrafe und einer Verbannung des Trainers Boras auf die Tribüne bestraft wurden, weil er sich im Spiel gegen Schottland danebenbenommen hatte, versuchten nur noch mit sämtlichen Tricks und Mätzchen Zeit zu schinden, so daß der Ball in dieser zweiten Halbzeit gerade die Hälfte der Zeit im Spiel war. Klaus Augenthaler spielte einen klassischen Ausputzer, und Karl-Heinz Rummenigge wurde zwanzig Minuten vor Schluß eingewechselt.

Deutschland gegen Schottland und Dänemark

Mit dem 2:1-Sieg über Schottland schafften die Deutschen dann bereits den Einzug ins Achtelfinale. Es war eine solide Leistung. Littbarski, Briegel, Allofs, Schumacher und Völler waren die Besten. Schwächen gab es in der Abwehr, die Schotten gingen 1:0 in Führung, Völler in der 23. Minute und Klaus Allofs in der 50. schafften den 2:1-Sieg. Bei 30 Grad Hitze spielte der Kölner Littbarski von Beginn an, für den dann 15 Minuten vor Schluß erneut Rummenigge eingewechselt wurde. Briegel verletzte sich am Oberschenkel und mußte durch Jakobs ersetzt werden.

Ob die deutsche Mannschaft dann im letzten Vorrundenspiel gegen Dänemark tatsächlich so spielen wollte, daß sie Gruppensieger würde, wird wohl ewig ein Geheimnis bleiben. Die Deutschen taten diese Absicht eindringlich kund, während Dänemarks Trainer Piontek dies arg bezweifelte. Er meinte, wenn die eine Mannschaft eben nicht wolle, könne die andere auch nicht alles alleine schaffen. Beckenbauer stand mit seiner Lobeshymne

Soeben hat Josimar das zweite Tor gegen die Nordiren geschossen (oben). Der Schütze explodiert vor Freude. Auch Elzo (links) strahlt, wenn auch verhalten. Niemand kannte Josimar vorher. Sein Club ist in Rio zuhause und aus der alten Hauptstadt mußte ein Spieler mitgenommen werden. Die Wahl fiel auf ihn. Auch das ist brasilianisch. – Beim 3:0 gegen Nordirland kam Zico, den sie den „weißen Pelé" nennen, erstmals zum Einsatz. Und Brasilien wurde gut. 5:0 Tore, 6:0 Punkte lautet die beeindruckende Vorrundenbilanz. Gelbgrüne Schlachtenbummler feierten Carneval do Brasil (rechts).

über dieses Spiel praktisch allein da, die Dänen gewannen verdient, ihr Stürmerstar Elkjaer-Larsen schied allerdings bereits nach 45 Minuten durch eine Verletzung aus.

Die Dänen bezahlten ihren verdienten Sieg mit einem Platzverweis von Frank Arnesen, der unbeherrscht gegen Lothar Matthäus nachgetreten hatte. Jesper Olsen brachte Dänemark durch Elfmeter 1:0 in Führung, die Entscheidung fiel knapp eine halbe Stunde vor Schluß, als Eriksen nach einem glänzenden Spielzug das 2:0 gelang.

„Nur die Tore haben gefehlt"

Franz Beckenbauer erklärte danach mit todernstem Gesicht: „Unser bestes Vorrundenspiel, nur die Tore haben gefehlt." Übrigens hatten die Dänen seit 56 Jahren (!) nicht mehr gegen Deutschland gewonnen. War Beckenbauers Beurteilung nun eine hervorragende psychologische Leistung, oder einfach ein Irrtum?

Die Vorrunde war also einigermaßen anständig bestanden, nun aber begann das große Zittern. Denn der Gegner im Achtelfinale hieß Marokko. Mit diesem Partner im ersten K.o.-Spiel hatte wohl keiner der Deutschen gerechnet. Und außerdem mußte noch in der Hitze von Monterrey gespielt werden, und das unter Erfolgsdruck.

Der nächste Gegner: Marokko

Die deutsche Öffentlichkeit erwartete natürlich einen Sieg über den fußballerischen „Niemand". Daß der England ein Unentschieden abgetrotzt und Portugal souverän nach Hause geschickt hatte, zählte nicht mehr. Auch die Erinnerung an den harten Kampf 1970 in der Vorrunde gegen denselben Gegner war nur bei wenigen frisch. Natürlich aber bei Beckenbauer, der seinerzeit selbst dabei war, und eindringlich vor einer Unterschätzung der Afrikaner warnte.

Dem dänischen Gruppensieger, der die deutsche Nationalelf bezwungen hatte, stand im ersten K.o.-Spiel eine Auseinandersetzung mit den Spaniern bevor.

Italien—Bulgarien 1:1

„Ein Eröffnungsspiel, das angenehm überrascht", so lautete in einer angesehenen Münchener Tageszeitung die Überschrift zum ersten Spiel in dieser Weltmeisterschaft. Und es war tatsächlich wohltuend, was Weltmeister Italien und Bulgarien boten (links). Die Ehre, das Turnier zu eröffnen, kommt immer dem amtierenden Champion zu. Und weil keine Mannschaft gleich am Anfang verlieren will, der Weltmeister schon gleich gar nicht, waren die Openings meist langweilige Angelegenheiten. Italien war erstaunlich offensiv, Bulgarien eigentlich unterlegen. Dennoch gab's ein 1:1. Eine kleine Kuriosität am Rande: Es war der gleiche Spieler, der den Schlußpunkt unter den Torregen bei der spanischen WM 1982 setzte und die Torkette in Mexiko eröffnete: Italiens Altobelli. Er erzielte das 3:1 gegen Deutschland im Madrider Finale, er schoß das erste Tor im Azteken-Stadion. – Nachdem Weltmeister Italien am 31. Mai eröffnete, war es keine Überraschung, daß ein Azzurro die erste gelbe Karte des Turniers erhielt: Giuseppe Bergomi (Nr. 2) (oben).

Vorrunde 21

Argentinien–Italien 1:1

Die Neapolitaner lieben ihn abgöttisch, in der Stadt am Vesuv verdient er mittlerweile sein Geld. Gegen einen Neapolitaner mit dem klangvollen Namen Salvadore Bagni mußte er auch spielen: Diego Armando Maradona aus Argentinien. Auch wenn der „Gaucho" einen „Absitzer" hatte (rechts), taten sich die beiden Vereinskameraden nicht sonderlich weh. Fairness statt Fouls! „Bisher war noch keiner meiner Gegenspieler so fair", schwärmte Diego. Dem sonst so harten Bagni soll dieses Kompliment Tränen in die Augen getrieben haben. In der 34. Minute glich Maradona selbst die italienische Führung aus. Vor vier Jahren hatten sich die Sonderbewacher Maradona als Freiwild auserkoren.

Wenn beim Kollegen gegenüber der Ball das Tor trifft, hat auch ein Tormann Zeit zum Jubeln. Nery Pumpido, Argentiniens Keeper von River Plate Buenos Aires, tat dies bei Maradonas Tor (unten). 1:1 trennten sich die beiden letzten Weltmeister.

Italien—Südkorea 3:2

Mit Altobellis Tor zum 3:1 war Südkorea endgültig geschlagen (links). Immerhin verkürzten die Asiaten wenige Augenblicke vor Schluß des Spiels noch auf 3:2. Das Ergebnis erscheint knapp, dem Spielverlauf wird es nicht gerecht. Zu einer Gefahr wurden die Koreaner diesmal nicht für den Weltmeister aus Italien. Zu den Kuriositäten der WM-Turniere gehört nämlich noch immer Nordkoreas 1:0-Sieg über Italien 1966 in England. – Bum Kun Cha (oben) war für die Deutschen die einzige Identifikationsfigur der Koreaner. Als Bundesligaspieler bei Frankfurt und Leverkusen erwarb er sich und seinem Land hohes Ansehen.

Mexiko—Belgien 2:1

Zwei Stars im Zweikampf. Scifo und Sanchez (am Boden). Nach ihrem 2:1 Sieg über Belgien meinte Mexikos Kapitän Thomas Boy: „Wir haben bewiesen, daß wir mit den Besten der Welt mithalten können – mehr noch nicht." Bis tief in die Nacht hinein feierte Mexiko den Sieg. Dabei provozierten freudetrunkene Mexikaner jedoch Ausschreitungen, in deren Verlauf es nach dem offiziellen Polizeibericht 187 Verletzte gab. Berichte, wonach es fünf Tote gegeben haben soll, wurden indes dementiert. Etwa 100 Personen wurden vorläufig festgenommen. Tausende waren nach dem Sieg in die Innenstadt geströmt und hatten sich am Unabhängigkeitsdenkmal versammelt. Stark alkoholisiert begannen sie Raketen abzufeuern und vorbeifahrende Autos mit Bierflaschen zu bewerfen.

Mexiko–Paraguay 1:1

Im Spiel Mexiko gegen Paraguay ging erstmals nicht den Spielern, sondern dem Ball die Luft aus (oben).
Hugo Sanchez (rechts) verschwand nach seinem verschossenen Elfmeter erst einmal in der Versenkung. Trainer „Bora" Milutinovic wimmelte mit gequältem Lächeln alle lästigen Fragen über Mexikos Fußball-„Heiligen" ab. Draußen vor dem Azteken-Stadion malten einige Fans Worte der Verachtung auf ihre schmutzigen Autos: „Hugo Tarugo" – „Hugo, du Tölpel." Nach dem frühen Führungstor von Flores sah man nur noch elf ängstlich defensiv spielende Mexikaner, ausgestattet mit beschränkten spielerischen und konditionellen Mitteln. Das Remis nach einem harten, hektischen, von vielen Fouls (rund 80) gekennzeichneten Kampf war die verdiente Quittung.

Mexiko–Irak 1:0

In ihrem letzten Spiel der Vorrunde sicherte sich Gastgeber Mexiko mit einem knappen 1:0 Sieg gegen den Irak den ersten Platz der Gruppe B. Als nach dem 0:0 der Halbzeit das Publikum seinen Unmut lautstark zum Ausdruck brachte, führte eine Standardsituation zum Erfolg. Negrete bediente mit einem seiner geschicktesten Freistöße den aufgerückten Fernando Quirarte, der mit einem Schuß aus spitzem Winkel Iraks Torwart Jasim überwand. Jasims Vorderleute hatten vergeblich versucht, eine Abseitsfalle aufzubauen. Auch dieser Treffer jedoch gab den grün-weiß-roten Mexikanern keine Sicherheit. Im Gegenteil: die Iraker, durch Sperren und Verletzungen erheblich geschwächt, deckten bei ihren Vorstößen manche Schwäche in Mexikos Abwehr auf. Als Tweresh in der 60. Minute aus 16 Metern abzog, strich der Ball lediglich knapp am Pfosten vorbei. In der erfreulich fairen Begegnung gelang dem Irak ein würdiger WM-Abgang. Obwohl selbst theoretisch der Einzug ins Achtelfinale kaum mehr möglich war, kämpften die ganz in Blau gekleideten Männer vorbildlich, stellten erneut ihre technischen Fähigkeiten unter Beweis, waren allerdings mit ihrem Latein meist am gegnerischen Strafraum zu Ende.
Bild links: Akrobatischer Einsatz von Majeed gegen Cruz (Nr. 5). Als Iraker verkleidet feiern mexikanische Schlachtenbummler ihren Sieg im Azteken-Stadion (oben).

Frankreich–Kanada 1:0

Michel Platini, der Frankreichs Nationalmannschaft vor zwei Jahren zur Europameisterschaft schoß, erwischte bei der Weltmeisterschaft einen Fehlstart. Beim mühsamen 1:0-Sieg der Franzosen vor 25000 Zuschauern in Leon gegen den Fußball-Zwerg aus Kanada durch den Treffer von Jean-Pierre Papin elf Minuten vor Spielende war der 31jährige Kapitän der große Verlierer (rechts: Battiston gegen Vrablic). Nach dem Sieg konnte Frankreichs Torwart Bats (oben) befreit die Arme hochwerfen.

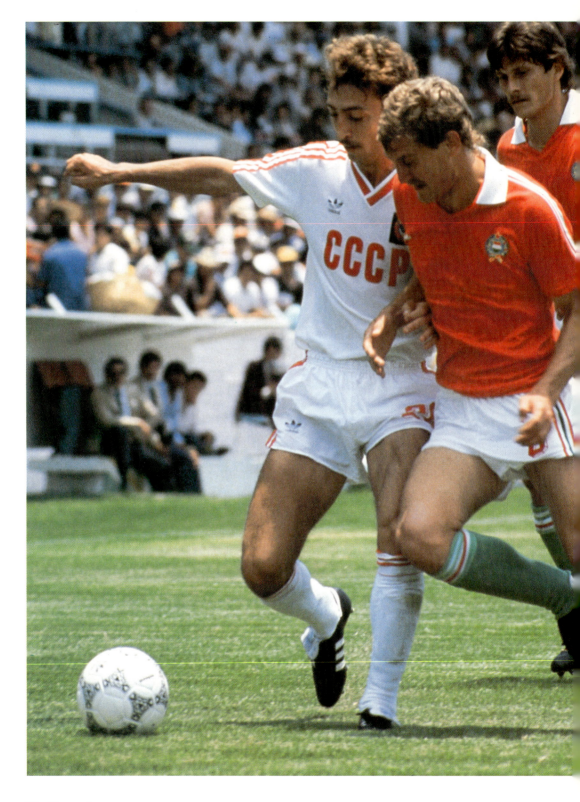

Sowjetunion–Ungarn 6:0

Mit einer nahezu perfekten Leistung triumphierte die UdSSR im Ostblockduell über Ungarn und spielte sich zumindest in den ersten 45 grandiosen Minuten in eine Favoritenrolle der WM. Beflügelt durch Blitztore von Jakowenko (3.) und Aleinikow (4.), spielten die Sowjets den Geheimfavoriten von der Donau nach allen Regeln der Fußballkunst aus und landeten ihre weiteren Treffer zum 6:0-Endstand durch Belanow (25./Foulelfmeter), Jarmetschuk (66./74.) und Rodionow (80). „In dieser Form werden die Sowjets ganz vorn mitspielen", kommentierte FIFA-Inspekteur Detmar Cramer. „Allerdings war für mich schon vor dem Europapokalsieg von Dynamo Kiew klar, wie gut die UdSSR Fußball spielen kann. Die Überraschung für mich war nur, daß die Sowjets es bisher bei Weltmeisterschaften noch nie richtig gezeigt haben."

Frankreich−Sowjetunion 1:1

Im Spitzenspiel der Gruppe C trennten sich Frankreich und die UdSSR 1:1 (rechts: Spielszene). Das Unentschieden, mit dem beiden Mannschaften gedient ist, relativierte den hohen Sieg der UdSSR gegen die mehr als schwachen Ungarn. „Frankreich hatte den Vorteil, das 6:0 gegen Ungarn gesehen zu haben. Daraus haben sie ihre Lehren gezogen", erklärte Detmar Cramer als FIFA-Beobachter auf der Tribüne. Positiv bei den Franzosen machte sich auch der Tausch im Abwehrzentrum bemerkbar, wo diesmal Battiston Libero spielte und Bossis auf den Vorstopperposten rückte.

Frankreich—Ungarn 3:0

Nach ihrer deutlichen Niederlage gegen Frankreich (links: Rocheteau erzielt das 3:0) hatten die ungarischen Fans keinen Grund mehr zur Freude. „Die Ungarn haben kein Herz, keinen Mumm und kein Selbstvertrauen", kritisierte Rolf Schafstall, in der kommenden Saison Trainer beim Bundesligisten FC Schalke 04, die schwache Darbietung der Magyaren. Die größte Chance vergab in der 47. Minute Mittelfeldspieler Dajka, der sich endlich einmal ein Herz nahm und aufs Tor schoß. Der Ball ging an die Unterkante der Querlatte und wurde von den Franzosen zur Ecke befördert. Ihr Sieg wurde auch von den Gastgebern bejubelt (oben: ein mexikanischer Frankreich-Fan „zeigt Flagge").

Brasilien—Spanien 1:0

64 000 Zuschauer im nicht ganz ausverkauften Jalisco-Stadion von Guadalajara feierten überschwenglich den 1:0(0:0)-Sieg Brasiliens über Spanien. Mexikos schönste Stadt, wie Guadalajara genannt wird, war fest in südamerikanischer Hand.

Unter ohrenbetäubendem Jubel erzielte Mittelfeldspieler Socrates in der 62. Minute mit einem Kopfball aus drei Metern den Siegtreffer, nachdem Careca mit einem kräftigen 16-Meter-Schuß nur die Latte getroffen hatte. Zuvor hatten die Spanier allerdings in der 53. Minute zu Recht ein Tor für sich reklamiert. Ein 20-Meter-Schuß von Michel traf die Unterkante der Latte und sprang von dort hinter die Torlinie. Danach spielten sich Szenen ab, wie man sie vom WM-Endspiel 1966 zwischen Deutschland und England kannte. Wegen des „Wembley"-Tores bedrängten die Spanier ebenso hartnäckig wie vergeblich den australischen Schiedsrichter Christopher Bambridge (oben). Beide Teams spielten defensiv, und vor allem das Spiel der Brasilianer war geprägt von der Vorsicht, die Trainer Tele Santana seiner Elf eingeimpft hatte. In der ersten Hälfte gab es nur zwei nennenswerte Tormöglichkeiten für die Südamerikaner, die nur selten ihre Ballkünste aufblitzen ließen (links: Junior „überfliegt" Lopez). In der zehnten Minute strich ein 25-m-Freistoß des dunkelhäutigen Libero Julio Cesar nur knapp am Tor der Spanier vorbei. In der 37. Minute scheiterte Elzo aus 20 Metern an Spaniens Torwart Zubizarreta.

Spanien—Algerien 3:0

Algerien verpaßte eine Sensation à la Marokko: Mit einer 0:3 (0:1)-Niederlage gegen die Spanier und vielen bösen Tritten verabschiedeten sich die Wüstensöhne aus Afrika in Monterrey von Mexiko. Spaniens Treffer markierten vor nur 15 000 Zuschauern Caldere (18. und 68.) und Eloy (71.). DFB-Trainer Berti Vogts stellte auf der Tribüne fest: „Die Spanier sind ein unbequemer Gegner. Sie sind konterstark, können die Hitze vertragen. Ihr System ist es, auf Fehler zu warten." Versteckte Fouls und böse Tritte bestimmten von Anfang an das Bild. Bei 40 Grad Celsius im Schatten hatten die Aktiven weder sich selbst noch das Spiel im Griff. Der japanische Schiedsrichter Takada ließ zu allem Übel noch jede Übersicht und Konsequenz vermissen. Vogts: „Der Japaner war seiner Aufgabe nicht gewachsen."

Algeriens Schlußmann Drid wurde nach 21 Minuten bewußtlos vom Platz getragen. Schwer angeschlagen hatte er nach einem Foul von Goicoechea in der 12. Minute das Spiel wieder aufgenommen. Kurze Zeit später brach er mitten im Lauf zusammen. Danach immer wieder das gleiche Bild: Verletzte Spanier krümmten sich vor Schmerz am Boden. Besonders übel mitgespielt wurde Spaniens Mittelstürmer Butragueño (oben und links: gnadenlos niedergemäht). Der Torjäger von Real Madrid mußte nach einem Foul in der 36. Minute vom Platz getragen werden. Er hatte das Feld kaum wieder betreten, als ihn Mansouri erneut von den Beinen holte. Minuten später lag Salinas am Boden.

Deutschland–Uruguay 1:1

Als Matthäus völlig unbedrängt und unnötig den Ball aus dem Mittelfeld zurück spielte, nutzte Alzamendi die Chance und schoß Uruguay in der 5. Minute 1:0 in Führung. Im ersten Spiel der deutschen Mannschaft klärt Guttierez gegen Völler und Berthold (links). Nach dem Ausgleich durch Klaus Allofs kannte der Jubel der deutschen Mannschaft (unten) keine Grenzen.

„Unsere Strategie war es, mit Kontern zum Erfolg zu kommen, und die haben wir auch nach dem 1:0 nicht aufgegeben. Wir wollten die Deutschen müde machen", sagte Uruguays Trainer Omar Borras nach dem Spiel. Ansonsten beklagte er die Härte der Begegnung und die Unzulänglichkeiten der Schieds- und Linienrichter. Teamchef Beckenbauer hingegen meinte, die drei Spielleiter hätten zwar alle Hände voll zu tun gehabt, „sie mußten höllisch aufpassen, im großen und ganzen war ihre Leistung aber zufriedenstellend". Beckenbauer hat das Spiel auch nicht ganz so hart gesehen wie sein Kollege. „Es war ein typisches Spiel mit allen Haken und Ösen, aber ich glaube nicht zu hart. Es ging nie über die Grenze der Fairness hinaus." Ein besonderes Lob zollte der Teamchef dem spät eingewechselten Karl-Heinz Rummenigge (oben). „Es war sichtbar, daß unsere Mannschaft anfing hektisch zu werden. Da kam Rummenigge zur rechten Zeit. Er hat den Faden gefunden und Linie ins Spiel gebracht. Daß wir wieder ins Spiel kamen, haben wir Karl-Heinz Rummenigge zu verdanken."

Bild links: Klaus Allofs beim Freistoß.

Vorrunde 47

Deutschland–Schottland 2:1

Vor dem Spiel gegen Schottland stellt sich das deutsche Team den Fotografen. Obere Reihe von links: Magath, Allofs, Völler, Briegel, Berthold, Schumacher; vordere Reihe: Matthäus, Augenthaler, Förster, Littbarski, Eder. „Das Positivste war noch der 2:1-Sieg", raunzte Teamchef Beckenbauer nach dem Spiel, „ansonsten haben wir im Gegensatz zur Partie gegen Uruguay nicht zu unserem Spiel gefunden. Das war eine Zitterpartie bis zum Schluß." Besondere Mängel stellte der Teamchef in der Raumaufteilung und der Einstellung fest, „die war gegen Uruguay wesentlich besser". Vielleicht weil man wußte, daß man bei einer Niederlage sehr ins Hintertreffen gerät. Lob indes verteilte Beckenbauer an die Schotten („die haben uns bis zum Abpfiff alles abverlangt"), für Pierre Littbarski, der bis zu seiner Auswechslung alles gegeben, und für Klaus Allofs, der sich als Individualist hervorgetan habe.

Tadel dagegen erhielt Norbert Eder, der seine Aufgabe gegen Gordon Strachan „nicht so gut gelöst hat wie gegen den Uruguayer Francescoli. Die Mittelfeldrolle gegen den Schotten hat ihm nicht so gelegen". Hans-Peter Briegel (rechts mit Völler im Angriff), der Veroneser, hat laut Teamchef im Zweikampf eine Oberschenkelverletzung erlitten. Bei Karl-Heinz Rummenigge dagegen stellte Beckenbauer in den letzten Tagen Fortschritte fest. Bevor Franz Beckenbauer in den Hubschrauber stieg, der ihn zum Spiel der Dänen gegen Uruguay nach Mexico City brachte, fand er doch noch zu seiner guten Laune zurück. Auf eine entsprechende Frage eines schottischen Journalisten meinte er: „Nach dem 0:1 haben wir das Spiel über weite Strecken kontrolliert und im Griff gehabt. Im übrigen liegt es wirklich nicht in unserer Absicht, den Gegner jeweils 1:0 in Führung zu bringen."

Förster, Augenthaler und Briegel (von links) staunen. Die schottische Elf ist durch ein Tor von Strachan 1:0 in

Führung gegangen. Zum zweiten Mal mußte die Deutsche Mannschaft auf kraftraubende Aufholjagd gehen.

Deutschland–Dänemark 0:2

Immer noch nicht erste Wahl war Kapitän Karl-Heinz Rummenigge beim Spiel Deutschland–Dänemark, dem letzten der Gruppe E in der Vorrunde. Wie sein einstiger Münchner Mannschaftskamerad Klaus Augenthaler, den eine Zerrung plagte, mußte er auf der Ersatzbank platznehmen, die auch der zweite Torwart Uli Stein und sein HSV-Kollege Felix Magath zierte (unten, hintere Reihe links). Erneut also konnte Beckenbauer nicht die stärkste Truppe aufbieten, und das im Prestige-Duell mit seinem Trainer-Rivalen Sepp Piontek. Dessen Männer stürmten wie in den vorigen Spielen munter gegen die sattelfeste deutsche Abwehr und erhielten als Lohn der Mühen kurz vor dem Halbzeitpfiff einen Elfmeter zugesprochen.

Entgeistert hatten die deutschen Fans vorort und an den Bildschirmen verfolgen müssen, wie der junge Wolfgang Rolff (26) dem fast 37jährigen ballführenden Morten Olsen kaum folgen konnte, ihn erst nach 40 Metern im Strafraum ereilte und dann regelwidrig vom Ball trennte. Namensvetter Jesper Olsen (rechts im Gefecht mit Thomas Berthold) legte sich das Leder zurecht und bezwang sicher den deutschen Schlußmann Toni Schumacher – 1:0 für Dänemark, der dritte Rückstand im dritten Spiel. Gegen diese Dänen aber sollte die erneut fällige Aufholjagd erheblich schwerer werden als gegen die „Urus" und Schotten.

Obwohl dieses Mal ohne Torerfolg zählte das Stürmer-As Klaus Allofs auch im Duell der Dänen und

Deutschen zu den besten Stürmern auf dem Platz und stellte wie hier auch seine Kopfballstärke unter Beweis.

Aufmachen mußten die Deutschen nach der dänischen Führung, wobei sie die Deckung natürlich schwächten. Dennoch hatte die Abwehr die dänischen Stürmer lange sicher im Griff (links: Norbert Eder im Kampf mit Michael Laudrup). In dieser Zeit erspielte sich der deutsche Angriff zahlreiche Chancen: Littbarski an den Außenpfosten (57. Minute), Allofs scheiterte am Torwart (Nummer 3) der Dänen, Lars Högh (58. Minute), Matthäus vergab freistehend nach Flanke von Herget die größte Chance zum 1:1 (61. Minute). Damit setzte sich das Schußpech aus der ersten Halbzeit fort, als Högh und die Querstange todsichere deutsche Möglichkeiten zunichte machten. Natürlich boten sich bei solchem Ansturm den Dänen Lücken. Eine davon nutzte John Eriksen zum 2:0 in der 63. Minute. Der Jubel der Sieger (oben) war verständlich, auch wenn Dänen-Coach Piontek böse Ahnungen beschlichen ob der nun immer deutlicheren Favoritenrolle seiner Elf, die nun als Gruppenerster auf Spanien treffen sollte.

Vorrunde 57

Im ersten Spiel der Gruppe F zwischen der Ostblock-Elf Polen und Marokko enttäuschten Boniek & Co. auf

der ganzen Linie. Die beste Chance für Polen hatte Urban (Nr. 8) mit einem Pfostenschuß in der 84 Minute.

Portugal–England 1:0

Angegriffen haben sie schon, die Engländer, aber zusammengelaufen ist nicht viel bei den Mannen von der Insel, auch wenn Gary Lineker (Nr. 10), Mark Hately (Nr. 9) und Brian Robson sich alle Mühe gaben. An der elastischen portugiesischen Abwehr scheiterten sie. 1:0 für Portugal lautete schließlich das Endergebnis. Das sei die Rache für Wembley gewesen, meinte Portugiesencoach José Torres. Er spielte damals 1966 in jenem Team, das im Halbfinale Gastgeber England, dem späteren Weltmeister, unterlag. – Trotz dieses Sieges blieb Portugal bereits in der Vorrunde auf der Strecke. Und drei Tore jenes Gary Lineker gegen Polen genügten England, um doch noch ins Achtelfinale aufzurücken.

England–Marokko 0:0

Bei ihrem 0:0 gegen Marokko kamen die Engländer trotz des Platzverweises von Wilkins (oben) erst nach dem Seitenwechsel (links: Lineker gegen Khalifa) besser ins Spiel. Ex-Weltmeister Bobby Charlton – in Mexiko Fernsehkommentator – fluchte trotzdem vor Enttäuschung über die ideenlose Vorstellung der Mannschaft ins Mikrophon: „Macht dem Spiel ein Ende. Es ist traurig und ärgerlich, was meine Nachfolger hier in Mexiko bieten." Stolz hingegen gab sich Marokkos Regisseur Timoumi: „Das ist ein historischer Tag für Marokko".

England—Polen 3:0

Mit einem klassischen Hattrick wurde der Brite Lineker (Nr. 10, links) im alles entscheidenden Spiel gegen Polen zum Retter Albions. (Bild unten: Foul von Reid an Karas). „Die Engländer waren in der ersten Halbzeit unheimlich stark, die Polen praktisch ohne Gegenwehr. In dieser Form können die Engländer bei der WM noch für Furore sorgen!" So urteilte vor Ort DFB-Trainer Berti Vogts, der als Quartiermacher für den DFB in Monterrey Station machte.

Neben Lineker muß Englands Team-Manager Bobby Robson als Triumphator gelten. Mit dem Erfolg zog der 53jährige zumindest vorerst seinen Kopf aus der Schlinge. „Ich bin unheimlich erleichtert. Wir haben uns jetzt wieder eine gute Ausgangsposition erspielt. Im K.-o.-System gegen Paraguay suchen wir jetzt unsere Chance."

Die nach der Vorrunde favorisierte UdSSR scheiterte im Achtelfinale an den „roten Teufeln" aus Belgien (oben).

Achtelfinale

Mexiko—Bulgarien	2:0
UdSSR—Belgien	3:4
Brasilien—Polen	4:0
Argentinien—Uruguay	1:0
Italien—Frankreich	0:2
Marokko—Deutschland	0:1
England—Paraguay	3:0
Dänemark—Spanien	1:5

Das Achtelfinale

Feuer frei im K.o.-System

Nach den 36 zum Teil doch recht „harmlosen" Vorrundenspielen vom 31. Mai bis 13. Juni ging die XIII. Fußball-Weltmeisterschaft am 15. Juni mit dem Achtelfinale erst so richtig los. Jetzt konnte man nicht mehr mit Unentschieden und Punkten jonglieren, jetzt war nicht mehr Taktik gefragt, sondern einzig und allein der Sieg. Denn ab der Runde der besten Sechzehn wurde im K.o.-System gespielt, das heißt, der Verlierer schied aus. Stand ein Spiel nach 90 Minuten immer noch unentschieden, gab es eine zweimal 15minütige Verlängerung, war danach noch keine Entscheidung gefallen, folgte das Elfmeterschießen.

Der erste Spieltag schien auch gleich jenen Experten recht zu geben, die sich von dieser K.o.-Runde fast Wunderdinge erwartet hatten. Im ersten Spiel qualifizierte sich Gastgeber Mexiko vor 115000 Zuschauern in Mexico City erwartungsgemäß durch einen Sieg über Bulgarien für die Runde der letzten Acht. Dabei erzielte Negrete mit seinem Treffer zum 1:0 den wahrscheinlich schönsten Treffer der gesamten WM.

Im zweiten Spiel erlebten die hochgelobten Sowjets ihr mexikanisches Waterloo. Ihre Vorstellungen in der Vorrunde hatten die Russen zu einem wirklichen Geheimfavoriten gestempelt, hatten eine moderne Mannschaft gezeigt, von hoher technischer Brillanz und mit einer ungeheueren Kondition. Aber der Fußball rollt eben seltsam, die „roten Teufel" aus Belgien warfen die „Sputniks" aus dem WM-Rennen und taten dies in einem mitreissenden Spiel, das eine Verlängerung brachte. Das sowjetische Team, das wiederum zur Mehrzahl aus Spielern von Dynamo Kiew bestand, begann wie ein Welt-

England–Paraguay 3:0

Wohl dem, der einen Gary Lineker hat! England konnte sich im Achtelfinale bei seinem Stürmer-Star gleich zweimal bedanken: In der 32. Minute schoß Lineker das 1:0, Beardsley erhöhte in der 55. Minute auf 2:0, und in der

meister, schoß schnell eine 1:0-Führung heraus, versäumte es aber, mit einem zweiten Treffer den Belgiern den Garaus zu machen. Die Belgier, die sich in ihrem Lager auch mit internen Querelen herumplagen mußten und gerade noch als Gruppendritter diese Runde erreicht hatten, begannen ausgesprochen defensiv und hatten später das Glück, jeweils den sowjetischen Eintorevorsprung durch „Abseits-Tore" aufholen zu können. Diese beiden belgischen Ausgleichstreffer in der regulären Spielzeit hätten von einem korrekten Schiedrichter-Trio nicht gegeben werden dürfen. Die belgische Mannschaft hatte aber plötzlich einen ungewöhnlichen Kampfgeist entdeckt. Sie beherrschte die Verlängerung, führte nach 102 Minuten zum erstenmal und erhöhte sieben Minuten später sogar auf 4:2. Belanow, der vorher die beiden sowjetischen Tore erzielt hatte, konnte zwar mit einem Elfmeter noch einmal den Anschlußtreffer erzielen, aber die Belgier überstanden die letzten zehn Zitterminuten und jubelten dann über ihren Einzug ins Viertelfinale.

Der zweite Spieltag war dann der Tag der Südamerikaner. Erst setzten sich die Brasilianer überlegen 4:0 gegen Polen durch, und dann feierte Argentinien einen 1:0-Sieg über Uruguay, der allerdings von sehr schlechtem Fußball geprägt war. Nach dem brasilianischen Sieg, bereits dem vierten hintereinander ohne Gegentor (!), sprachen viele Experten davon, daß die Brasilianer nun zu ihrem Stil gefunden hätten und als WM-Favorit gelten müßten.

Frankreich stürzt Weltmeister Italien

Argentinien, angeführt von dem überragenden Diego Maradona, erkämpfte sich einen kostbaren 1:0-Sieg über Uruguay, hätte aber weitaus höher gewinnen müssen. Maradona selbst und seine Kollegen vergaben viele großartige Tormöglichkeiten, Uruguay, in dieser WM nach den harten Strafen durch die FIFA die „böse" Mannschaft, wurde von ihrem gesperrten Trainer Boras von der Tribüne aus per Sprechfunk dirigiert, entwickelte aber zu wenig Angriffskraft, um die Argentinier gefährden zu können. Die südamerikanischen Favoriten Brasilien und Argentinien waren eine Runde weiter.

73. Minute setzte sich Lineker mit seinem Treffer zum 3:0-Endstand mit insgesamt 5 Treffern an die Spitze der WM-Torjägerliste. Für den paraguayanischen Keeper Fernandez hatte er noch ein Wort des Trostes übrig (oben).

Am dritten Spieltag des Achtelfinales standen zumindest auf dem Papier zwei Schlagerbegegnungen: Europameister Frankreich gegen Weltmeister Italien und Deutschland gegen Marokko; für deutsche Spieler und deutsche Fans wirklich ein „Schicksalsspiel".

Quasi als Vorspiel dazu hatten die Franzosen Italien fest im Griff und waren nie in der Gefahr, das Spiel zu verlieren. Eine großartige taktische Leistung, die jeweils besseren Spieler auf allen Positionen, Platinis Regiekunst und die bekannte Sturmschwäche der Italiener, die ja eigentlich überhaupt nicht mehr offensiv spielen können, machten Frankreich zum klaren Sieger. Michel Platini, der Superstar der letzten Europameisterschaft, schoß sein erstes WM-Tor zur 1:0-Führung. Und er gab auch die Vorlage zum 2:0. Schade nur, daß es die Spielplanauslosung so wollte, daß die überragenden Franzosen nun bereits im Viertelfinale auf Brasilien stießen, ein Treffen also, von dem man mit Fug und Recht sagen konnte, es sei ein vorweggenommenes Endspiel.

Das „Zitterspiel" Deutschlands gegen Marokko

Am Abend fand dann das Zitterspiel Deutschland gegen Marokko statt. Daheim in der Bundesrepublik war es schon 24 Uhr, als der Anpfiff ertönte und Millionen vor den Fernsehschirmen mitzitterten. Was allerdings dann kam, war wohl das Zittern nicht wert, sondern entlockte eher vielen enttäuschten Fans höchstens ein herzhaftes Gähnen. Mancher Fan mag der verlorenen Schlafzeit nachgetrauert haben, als er gegen 2 Uhr morgens mit verschwollenen Augen ins Bett stieg und noch kurz darüber nachdachte, warum seine deutsche Mannschaft so miserabel gespielt hatte und gegen eine marokkanische Elf, die nur darauf bedacht war, ein Tor zu verhindern, aber nie versuchte auch eines zu schießen, nur einen kläglichen 1:0-Sieg landen konnte.

Dieses einzige Tor kam zweieinhalb Minuten vor Schluß der regulären Spielzeit zustande und wurde unter gütiger Mithilfe der Marokkaner erzielt. Der Freistoß, aufgrund eines angeblichen Fouls an Rummenigge verhängt, war kaum berechtigt, die marokkanische Mauer stellte sich anfängerhaft zusammen und verdeckte obendrein ihrem

70   Achtelfinale

überragenden Torwart Badou die Sicht, so daß Lothar Matthäus mit einer Art Verzweiflungs-Flachschuß rechts an der Mauer vorbei ins Netz traf. Er gab später selber zu, daß er sich „nichts als drauf" gedacht hatte.

So war wohl die übereinstimmende Meinung der internationalen Fachpresse zutreffend: „Deutschland ist noch einmal davongekommen".

Nun wartete im Viertelfinale Gastgeber Mexiko. Marokkos Trainer Faria, der als Brasilianer demnächst in Marokko Muselmane werden möchte, sorgte nach dem Ausscheiden seiner Mannschaft noch für einen „Gag": Er verkündete, seine neue Heimat, also Marokko, werde sich für 1994 um die Austragung der Fußball-Weltmeisterschaft bewerben. Das habe König Hassan gewünscht! Wie hatte doch Franz Beckenbauer im Deutschen Fernsehen vor diesem Spiel gegen Marokko gesagt: „Die Marokkaner sind spielerisch und technisch besser als wir, waren es schon immer!" War dies nun ein Fachurteil oder eher eine beschämende Feststellung?

„Aus" für Paraguay und Dänemark

Am letzten Spieltag des Achtelfinales qualifizierte sich England souverän für die nächste Runde. Der 3:0-Sieg über Paraguay war hoch verdient und beförderte die Engländer erstmals seit 1970 wieder in ein Viertelfinale der Weltmeisterschaft. Damals hatten die Spieler von der Insel bekanntlich in Mexiko im Viertelfinale gegen Deutschland 2:3 nach Verlängerung verloren. Diesmal hieß ihr Gegner in der Runde der letzten Acht Argentinien. Die englische Presse und die englischen Fans verziehen ihren Spielern nun endgültig alles, über was sie sich in den ersten beiden Vorrundenspielen so schrecklich geärgert hatten. Die beiden Siege, die die Engländer nun hintereinander feierten, ließen die Mannschaft bei ihren Fans plötzlich wieder zum WM-Favoriten erwachsen. Sechs Tore hatten die Briten in den vier Spielen bis zum Achtelfinale erzielt, fünf davon allein der 26jährige Gary Lineker vom FC Everton, bis dato zusammen mit dem Dänen Elkjaer der beste Angreifer bei dieser WM. Gegen Paraguay schlug Gary wieder zweimal zu, und brachte nun wohl auch den letzten Fan daheim dazu,

Mexiko–Bulgarien 2:0

Mexiko im Freudentaumel! Mit ihrem Sieg über die Balkan-Elf Bulgarien qualifizierten sich die fußballbegeisterten WM-Gastgeber unter der hervorragenden Regie ihres jugoslawischen Trainers Bora Milutinovic (links) für das Viertelfinale. Hugo Sanchez (oben rechts) hatte diesmal keinen Anteil am Triumph: Das 1:0 schoß Negrete (oben links), das 2:0 Raul Servin.

seinen Fernseher, den er schon auf die Müllkippe geworfen hatte, wieder nach Hause zurückzuholen.

Als letzter Viertelfinalist qualifizierte sich überraschend Spanien, das mit Glück und einer soliden Leistung den Favoriten Dänemark 5:1 ausschaltete. Damit war nach den Sowjets auch der zweite Titelanwärter bereits im Achtelfinale ausgeschieden. Die Dänen trugen aber selbst sehr viel dazu bei, daß für sie in diesem Turnier schon so früh Endstation war. In der ersten Halbzeit versäumten sie es, ihre zahlreichen Torchancen konsequent auszunützen, und sie konnten auch im ersten Drittel der zweiten Spielhälfte beste Chancen nicht verwerten.

Das Mißgeschick des kleinen Jesper Olsen drehte wahrscheinlich dieses Spiel kurz vor der Halbzeitpause noch um. In der 33. Minute hatte er einen Elfmeter zur dänischen 1:0-Führung eingeschossen, eine Minute vor dem Pausenpfiff unterlief ihm ein katastrophaler Fehlpaß vor dem eigenen Tor, so daß Emilio Butragueño zum Ausgleich einschießen konnte. Wiederum Butragueño war es dann in der 57. Minute, der nach einer schönen Kombination der Spanier die 2:1-Führung erzielte, und in der 70. Minute holte er einen Elfmeter heraus, den Goicoechea zum 3:1 ins dänische Netz schoß.

Danach stürmten die Dänen verzweifelt an, konnten aber nichts mehr an ihrem Schicksal ändern. Schuld an dieser Niederlage müssen sie sich obendrein selbst geben, da sie diesmal ohne Frische und ohne Ideen spielten. Da war nichts mehr zu sehen von dem, was sie in den Vorrundenspielen ausgezeichnet hatte. Obendrein fehlte an allen Ecken und Enden der gesperrte Frank Arnesen.

Die K.o.-Formel und ihre Folgen

So schien es also doch so zu sein, als ob die deutsche Mannschaft den besseren Teil erwählt hatte, als sie sich den zweiten Gruppenplatz hinter den Dänen „erspielte" und so den solide spielenden und taktisch gekonnt wirkenden Spaniern aus dem Weg ging. Als die Dänen zum Schluß alles auf eine Karte setzten, schoß Butragueño noch zwei weitere Tore zum 5:1.

Wenn das eigene Team aufläuft, erreicht die Stimmung ihren Höhepunkt. Das ist in Mexiko nicht anders als anderswo. Neben den Spielern und dem Ball sind die Fans die wichtigsten Faktoren im Spektakel Fußball. Durch die Vorkommnisse von Brüssel sind sie ins schiefe Licht geraten. Sogar Geisterspiele hat man veranstaltet, ohne sie. Aber der Fußball braucht die Fans. Er ist auf Wirkung nach außen angelegt.

Mexiko beweist dies erneut. Der Identifizierungswillen der Zuschauer mit einer Mannschaft wurde wieder deutlich: Fahnen, Nationen-T-Shirts, mit Sombreros gemischt. – Fußball ist für die Zuschauer nicht alles, ohne sie ist aber alles nichts.

So ergab sich die völlig unerwartete Viertelfinalbegegnung zwischen Belgien und Spanien, also jenen beiden Mannschaften, die im Achtelfinale die beiden großen Sensationen vollbracht hatten und die UdSSR und Dänemark vorzeitig nach Hause schickten. So erreichten nur drei Gruppensieger aus der Vorrunde, Brasilien, Mexiko und Argentinien, das Viertelfinale, England, Frankreich, die Bundesrepublik und Spanien kamen als Gruppenzweite weiter und Belgien war als gerade noch qualifizierter Gruppendritter die Sensation.

Die erstmals seit 48 Jahren, seit der WM in Frankreich 1938, angewendete neue Formel mit dem Übergang zum Pokalsystem schon ab den Achtelfinalspielen hat also, wie zu erwarten war, große Auswirkungen gehabt und Überraschungen herbeigeführt. Die eindeutigen Resultate und scheinbar sicheren Siege in verschiedenen Spielen waren aber nicht Folge großer Leistungsunterschiede, sondern wohl eher der Effekt, den diese erbarmungslose K.o.-Formel mit sich brachte.

Das sprichwörtliche Glück der Deutschen

Die eiserne Regel der Weltmeisterschaft, daß Mannschaften, die in der ersten Runde Geschichte schreiben und von sich reden machen, in der zweiten Phase oft grauenhaft einbrechen können, und daß umgekehrt Mannschaften ins Rampenlicht rücken, von denen man (typisch dafür war Italien 1982) im ersten Durchgang nicht gerade viel sieht, hat sich in Mexiko wieder einmal bestätigt. Die UdSSR und Dänemark boten auf der einen Seite Beispiele, Deutschland, Belgien und besonders England auf der anderen Seite.

Deutsche, Belgier und Engländer hatten sich aus mieser Lage unter die letzten Acht durchgekämpft und die Mannschaft der Bundesrepublik hatte sicher wieder einmal das sprichwörtliche Glück, das ihr bei den Weltmeisterschaften in entscheidenden Phasen seit langen Jahren die Treue hält. Die WM in Mexiko erlebte in der zweiten Runde eine wesentliche Qualitätsverbesserung. Das Fußballspiel wurde besser, die Risikobereitschaft größer, die Spiele weitaus schneller und damit spannender für das millionenstarke Fernseh-Fanvolk in aller Welt.

Achtelfinale 73

Mexiko – Bulgarien 2:0. Mit einem zirkusreifen Scherenschlag erzielte Manuel Negrete in der 35. Minute das

Traum-Tor zum 1:0 gegen die Elf vom Balkan und brachte die Gastgeber auf Siegkurs Richtung Viertelfinale.

76 Achtelfinale

Belgien–UdSSR 4:3

Wie erwartet begannen die favorisierten Russen ihr Spiel gegen Belgien offensiv und dynamisch. Nach dem Ausgleich durch Scifo zum 1:1 (links) gingen die Sowjets erneut in Führung, mußten dann aber noch das 2:2 durch Ceulemans in der 76. Minute hinnehmen. Nach der ersten Verlängerung dieser Weltmeisterschaft verließen die Belgier, bei denen Torhüter Jean-Marie Pfaff (oben) eine überragende Leistung lieferte, als glückliche Sieger den Platz. „Es ist für mich nicht angenehm, ein solches Spiel zu verlieren, aber nicht ich, sondern die Mannschaft ist der große Verlierer", kommentierte der russische Trainer Waleri Lobanowski die 4:3-Niederlage seines Teams.

Brasilien—Polen 4:0

Zu Boden ging Polens WM-Team gegen den Favoriten Brasilien. Mit 0:4 mußten sich die Osteuropäer dem mehrfachen Weltmeister beugen. Allerdings hatten die Polen mit dem deutschen Schiedsrichter Volker Roth nicht gerade einen Verbündeten auf dem Feld. „Die brasilianische Mannschaft ist so gut, daß ein fragwürdiger Elfmeter nicht das Resultat verändert", meinte der polnische Trainer Piechniczek. Der für den 1. FC Kaiserslautern spielende Stefan Majewski (links hingemäht von zwei Gegnern) aber wurde deutlicher: „Ich allein bin zweimal von Brasilianern ins Gesicht gespuckt worden. Der Schiri hat es gesehen, aber nichts getan." Der 44jährige Roth hatte sich den Zorn der Polen in der 29. Minute wegen eines Foulelfmeters für Brasilien eingehandelt.

Nach diesem Elfmeter von Socrates (oben in Siegerpose) machten die Brasilianer die Ankündigung wahr, offensiver zu spielen. Zwei herrlich herausgespielte Tore durch Josimar und Edinho und einem weiteren Strafstoßtreffer von Careca folgte eine zufriedene Selbsteinschätzung des Trainers. „Auf diesem Niveau können wir das Finale erreichen", meinte Santana.

Argentinien–Uruguay 1:0

In der 80. Minute erzielte der Argentinier Pasculi gegen Uruguay den entscheidenden Treffer zum 1:0-Sieg (oben). Die bis dahin fair verlaufene Partie war dann so, wie man es vor diesem südamerikanischen Bruderkampf befürchtet hatte. Es wurde geboxt statt gespielt, gegen den Mann statt gegen den Ball getreten.

Frankreich–Italien 2:0

Im Spiel des Weltmeisters gegen den Europameister hatte Italien gegen Frankreich keine Chance. Glänzend freigespielt von Rocheteau nutzte Platini nach einer Viertelstunde die erste große Chance für Frankreich zur 1:0-Führung. Als Stopyra in der 57. Spielminute nach einer sehenswerten Ball-Staffette mit Tigana und Rocheteau das 2:0 gelang, war die erste Weltmeisterschaftsniederlage Italiens seit dem 24. Juni 1978 in Buenos Aires besiegelt. Die Männer um Platini (rechtes Bild, links im Luftkampf gegen Bagni) siegten souverän mit 2:0 Toren.

Achtelfinale 81

Deutschland—Marokko 1:0

Nach der Niederlage gegen Dänemark mußte die deutsche Nationalmannschaft in der Hölle von Monterrey gegen Marokko antreten. Die Marokkaner, sensationeller Sieger der Gruppe F gegen England, Polen und Portugal, erwiesen sich erneut als unbequemer Gegner. Die Mannschaft des brasilianischen Trainers José Faria zeigte sich lauffreudig und ballgewandt. Die größte Chance zum 1:0 vergab Lothar Matthäus (links in marokkanischer Zange) in der 87. Minute. Nach Zuspiel des Kölners Klaus Allofs scheiterte der Münchner Mittelfeldspieler am Schlußmann Zaki. Nur eine Minute später machte Matthäus seine Sache besser und erzielte mit einem 30-Meter-Freistoß den erlösenden Treffer.

Spanien–Dänemark 5:1

Noch hat das fußballbegeisterte Dänenmädchen (rechts) gut Lachen: Nach einem Foul von Gallego an Berggreen verwandelte Jesper Olsen den Strafstoß zum 1:0. Aber zehn Minuten später schlug Olsen einen ebenso folgenschweren Fehlpaß wie Lothar Matthäus im Spiel gegen Uruguay in Richtung eigenes Tor. Butragueño nutzte die Offerte und traf zum 1:1. Das 2:1 für Spanien in der 57. Spielminute war dann der Anfang vom Ende. Das „dänische Dynamit" zündete nicht mehr. Vergeblich rannte das Team von Sepp Piontek dem Rückstand hinterher, riß Lücken in die Deckung und lud zu spanischen Kontern ein. Nach dem 3:1 durch Goicoechea (verwandelter Foul-Elfmeter) erhöhte Butragueño, der Held des Tages, noch zum 4:1 (oben) und 5:1.

84 Achtelfinale

England–Paraguay 3:0

Gary Lineker, Englands Stürmer-Star, schießt zum 3:0 gegen Paraguay ein (oben). Der Jubel der Insel-Elf (links) kommt aus vollem Herzen: Nach seinen lausigen Leistungen in der Vorrunde war das Team aus dem Mutterland des Fußballs in der heimischen Presse als „Trottel der WM" verhöhnt worden, und nun stand England im Viertelfinale.

Toni Schumacher behandelt Hugo Sanchez' Bein – so mitfühlend kann der Kölner auch mal sein...

Viertelfinale

Brasilien—Frankreich	3:4
Deutschland—Mexiko	4:1
Argentinien—England	2:1
Spanien—Belgien	4:5

Halbfinale

Frankreich—Deutschland	0:2
Argentinien—Belgien	2:0

Spiel um 3. Platz

Frankreich—Belgien	4:2

Endspiel

Deutschland—Argentinien	2:3

Viertelfinale

Gottes Hand und Maradonas Kopf

Das gab es noch nie: Drei der vier Viertelfinalspiele in Mexiko mußten sozusagen per Gottesurteil entschieden werden – Elfmeterschießen. Besonders tragische Formen nahm das bei der ersten Partie an, in der sich Europameister Frankreich und Abonnementsfavorit Brasilien gegenüberstanden.

Die Brasilianer weinten, als seien sie aus dem eigenen Haus vertrieben worden. Nicht einer der ganz in Gelb gekleideten Anhänger der brasilianischen Nationalmannschaft schämte sich seiner Tränen, von denen viele flossen an diesem denkwürdigen Tag von Guadalajara. Im Elfmeterschießen unterlagen die Brasilianer in ihrem zehnten Spiel in dieser Stadt (schon während der WM 1970 genossen sie hier ausgiebig Gastrecht) dem Europameister Frankreich 3:4, nachdem die reguläre Spielzeit samt Verlängerung 1:1 beendet war. Was hatten sie da noch davon, daß die Straßen von Guadalajara von Tausenden von Mexikanern gesäumt waren, die wie immer in den letzten Wochen nach einem „Heimspiel" der Brasilianer ihre Gäste aus Südamerika feierten. Jetzt erst recht, mögen sie sich gesagt haben, jetzt haben sie unsere Zuneigung doppelt verdient. Sie hatten sie verdient im bisher besten Spiel dieser dreizehnten Fußball-Weltmeisterschaft, woran die Franzosen gleichermaßen Anteil hatten.

Was die brasilianischen Spieler sich auch immer gegenseitig vorhielten, ändert nichts daran, daß sie sich die Niederlage im Grunde selbst zuzuschreiben haben. Wer eine solche Torgelegenheit ungenutzt läßt wie Zico bei einem Elfmeter acht Minuten vor dem Ende der regulären Spielzeit, der darf sich hinterher nicht wundern, daß sich

Scheinbar vom Platz geführt werden muß hier Thomas Berthold von dem gestrengen Herrn der FIFA. Aber unser mit 21 Jahren jüngster WM-Spieler geht hier freiwillig, wenn auch gezwungenermaßen. Soeben wurde er nämlich wegen eines Revanchefouls am Mexikaner Quirarte des Feldes verwiesen. Der Platzverweis war berechtigt. Zehn mußten

gegen Mexiko lange Zeit das 0:0 halten. Im Frankreich-Spiel mußte der Jungstar von der Frankfurter Eintracht zuschauen. Mit seinem Offensivdrang war er bis dahin eine der Konstanten im deutschen Spiel.

das Ganze ins Gegenteil kehrt. In der Hitze und der Höhe von Guadalajara triumphierten nicht die Stars. Nicht Zico oder Socrates, nicht Platini (auch wenn ihm der Ausgleich nach Carecas Führungstreffer gelang). Platini schoß den Ball beim Elfmeterschießen über das Tor, den Strafstoß von Socrates parierte Bats. Es waren die anderen, die an diesem Tag überzeugten. Der knorrige Bossis bei den Franzosen, Fleißarbeiter Amoros, Tigana, der für Platini mitarbeitete. Auf der anderen Seite waren es Alemao und Branco.

Ein Sieger durch Elfmeterschießen. Darum ein glücklicher Sieger, ein Zufallssieger? Trainer Michels Konter saß fast so gut wie die seiner Mannschaft. „Tatsächlich, wir sind glücklich." Was hätten dem die Brasilianer noch entgegen halten können nach dem Spiel, das in die WM-Geschichte eingehen wird wegen seiner spielerischen Brillanz, seiner Spannung bis zum letzten Elfmeterschuß.

Schumachers größte Stunde

Auch das Viertelfinalspiel Deutschland gegen Mexiko wurde durch Elfmeterschießen entschieden – 4:1 für Deutschland! In einer Partie, die allein wegen ihrer Dramatik WM-Niveau erreichte, stand ein Erfolg der Deutschen lange Zeit nicht zur Debatte, weil sie sich gegen ein schwaches mexikanisches Team auf ihre kämpferischen Vorzüge beschränkten. Da das spielerische Moment, vertreten wenigstens durch Allofs und Magath, also zu kurz kam, sah man in der ersten Hälfte nur einen einzigen Schuß aufs Tor. Doch gegen Klaus Allofs Versuch (42. Minute) war der mexikanische Schlußmann Larios prächtig auf dem Posten.

Auch nach der Pause blieben aufregende Szenen vor den Toren Mangelware – die fehlende Klasse wurde jedoch durch ungeheure Spannung einigermaßen wettgemacht. „Das war sicher kein hochklassiges Spiel", befand der arg enttäuschte Kapitän Rummenigge, „aber das kannst du in einer solchen Situation auch nicht erwarten." In die gleiche Kerbe hieb der Teamchef: „Im K.-o.-System geht's nicht um Schönheit. Wir müssen uns halt auf unsere Mittel besinnen und die durchsetzen."

Und das war vor allem dringend nötig, nachdem der bis dahin vorzügliche Thomas Berthold in der 63. Minute wegen einer Tätlichkeit vom Platz gestellt worden war. 36 Minuten stemmten sich die Deutschen in Unterzahl gegen einen plötzlich munter werdenden Gegner, ehe den Mittelfeldspieler Aguirre nach einer Brutalität an Matthäus zwar nicht der Zorn Gottes, so doch immerhin der von Schiedsrichter Jesús Diaz traf, ebenfalls in Form einer Roten Karte. In der Verlängerung schließlich hatte das DFB-Team klar die größeren Reserven, und das bange Stöhnen des Publikums wurde lauter, je näher es dem Elfmeterschießen entgegenging.

Dort zog Toni Schumacher die große Schau ab, der neben seiner Torhüterkunst auch noch Sympathiewerbung betrieb. Die zwischenzeitlich geladene Stimmung entschärfte er, indem er dem Rotsünder Aguirre Trost spendete beim Gang in die Kabine und später dem von Wadenkrämpfen gepeinigten Sanchez Erste Hilfe zukommen ließ. Für das Halbfinale gegen die Franzosen in Guadalajara war nun mit einem freundlicheren Publikum zu rechnen.

Das Mirakel Maradona

Während die Mexikaner enttäuscht das Stadion von Monterrey verließen kam tags darauf in ihrer Hauptstadt die Stunde der Stars dieser WM. Dort kämpften Engländer und Argentinier um den Einzug ins Halbfinale. Auch wenn die Engländer sich mit typisch britischem Kampfgeist gegen die Niederlage stemmten, dabei aber zuweilen selbst statt der Ball im Tor der Argentinier landeten, sie wurden von einer Fehlentscheidung des tunesischen Schiedsrichters Ali Bennaceur zum einen, vor allem aber von dem alles überragenden, alles überstrahlenden Ausnahmekönner Diego Armando Maradona besiegt. Einem, der alle Tricks kennt, auch den, wie man einen Kopfball vortäuscht, um mit der Hand ein Tor zu schießen. Wie beim 1:0 gegen England.

Aber dieser inzwischen 25jährige Argentinier demonstrierte nur drei Minuten später, daß er Gegner nur braucht, um sie überspielen zu können, egal, wie viele

sich ihm in den Weg stellen. Das Solo des Diego Maradona zum zweiten Tor war einer der spektakulärsten Höhepunkte dieser Weltmeisterschaft.

Als die Journalisten den Wundermann nach dem Spiel bedrängten, ging es vor allem um das erste Tor. War es Hand, Diego? Er will nicht verstehen, erzählt statt dessen bereits im dritten Anlauf vom zweiten Treffer. Aber das erste Tor, Señor Maradona? „War es die Hand Diegos oder die Hand Gottes?" fragt ein Italiener. Schließlich, als er sich bereits den Weg zum Ausgang freigekämpft hat, meint Diego: „Also. Der Ball kam geflogen. Shilton und ich sind hochgesprungen. Da habe ich nur noch die Augen zugemacht ... ein bißchen Gottes Hand und ein bißchen Maradonas Kopf."

Den Engländern half es nichts, daß sie noch den Anschlußtreffer erzielten (Lineker 81. Minute). Der Zug zum Halbfinale fuhr ohne sie. Um den letzten freien Platz rangen Belgien und Spanien wenige Stunden später.

Belgien schickt die Spanier nach Hause

Wieder einmal endeten die reguläre Spielzeit und auch die Verlängerung 1:1 Unentschieden, das dritte Penalty-Duell des Viertelfinales mußte entscheiden. Belgien behielt mit 5:4 die Oberhand.

Derweil Legionen von spanischen Fans ihre Tränen trockneten, badete Jean-Marie Pfaff im Trubel und Jubel um seine Person, eilte von einer Kamera zur anderen. Der Münchner Torwart hatte nach Belgiens 1:0 durch einen Flugkopfball des blonden, hünenhaften belgischen Kapitäns Jan Ceulemans (35. Minute) mit einer Serie von Glanzparaden Spaniens Stürmer schier zur Verzweiflung getrieben und nur noch das 1:1 durch Senor (85. Minute) zugelassen. Aber die größte Tat vollbrachte der belgische Nationaltorwart im bayerisch-weiß-blauen Dreß nach der Verlängerung im Elfmeterschießen. Pfaff parierte gleich den zweiten Elfer des Spaniers Eloy und stand anschließend da, wo er am liebsten steht – im Mittelpunkt. Dort fand sich jetzt die ganze belgische Mannschaft wieder, die eigentliche Riesenüberraschung des Turniers.

Die XIII. Fußball-Weltmeisterschaft stand im Viertelfinale – die Stadien wurden voller, die TV-Einschaltquoten kletterten in die Höhe. Das WM-Spiel der deutschen Mannschaft gegen Mexiko sorgte vier Tage nach der neuen Bestmarke beim Spiel Deutschland gegen Marokko (13 Millionen, Haushaltsquote 39 Prozent) für eine weitere Steigerung. Diesmal saßen 17 Millionen Deutsche (Haushaltsquote 44 Prozent) vor dem Bildschirm und blieben bis zur endgültigen Entscheidung dabei, wie die in den Landesfarben geschminkten mexikanischen Fans (oben) und natürlich auch der fesche „Kaiser" Franz (links) im Stadion von Monterrey.

Frankreich—Brasilien 4:3

Das „vorweggenommene Endspiel" Frankreich–Brasilien (Spielszene oben: Amoros gegen Elzo) war nicht das Spiel der Stars. Die Sterne verblaßten im gleißenden Sonnenlicht. Zico gescheitert beim Strafstoß an Torhüter Bats, Socrates beim Elfmeterschießen ebenso (rechts), Platini, dem der Ausgleichstreffer zum 1:1 gelungen war, übers Tor getreten den Ball beim Stand von 3:3. Zico hat nach dem Spiel seinen Rücktritt erklärt und hinzugefügt: „Das ist das Ende einer ganzen Spielergeneration."
Andere entschieden das Spiel: Bats, der Torhüter, Fernandez, eher ein Mitläufer im Mittelfeld. Er knallte die Ledekugel ins Netz, nachdem Cesar vorher bloß den Pfosten getroffen hatte. 14.38 Uhr Ortszeit: Vive la France, Adios Brasil. Nachher hat Tele Santana, Brasiliens Nationaltrainer, gesagt, dies sei wohl eines der besten Spiele dieser Weltmeisterschaft gewesen. Die Untertreibung des Jahres: Es war das beste. Fernandez hat es so erlebt: „Es war ein großer Augenblick für den Fußball, ein Fußballfest, wie ich es noch nie erlebt habe, da war alles drin: Glück, Unglück, vergebene Gelegenheiten."

94 Viertelfinale

Deutschland—Mexiko 4:1

Um 18.43 Ortszeit am Samstag, dem 21. Juni '86, erlebte die mexikanische Wüstenstadt Monterrey eine Weltpremiere. Franz Beckenbauer, Teamchef des Deutschen Fußball-Bundes (DFB), der seine Gefühle meist besser beherrscht als seine Zunge, reckte die Fäuste in die Luft, rannte los wie ein Sprinter und warf sich lauthals jubelnd dem erstbesten Opfer in die Arme. Das war Horst Köppel, der Bundestrainer, womit sich das Duo gefunden hatte, das vor zwei Jahren augezogen war, die Renaissance des bundesdeutschen Fußballs einzuleiten. Auslöser der Freudenszene war Pierre Littbarski gewesen, der nach 2:43 Stunden mit seinem Treffer zum 4:1 beim Elfmeterschießen die Entscheidung in der Viertelfinalbegegnung gegen Mexiko herbeigeführt hatte. Vor ihm waren Allofs, Brehme und Matthäus (links, mit Völler) erfolgreich gewesen. Felix Magath mußte nicht mehr antreten, weil die Mexikaner Quirarte und Servin mit Fehlschüssen ihr Team bereits um alle Chancen gebracht hatten (oben: Schumacher hält den Elfer von Quirarte). „Ohne Glück geht nix, im Leben wie im Fußball", stellte Franz Beckenbauer später erleichtert fest, „und uns hat der liebe Gott heute ins Gesicht geschaut."

So sehr sich Aguirre (oben links) auch streckte, der Ball wollte nicht ins deutsche Netz. Da waren

Deutschlands Weltklasse-Torwart Toni Schumacher und Karlheinz Förster (oben rechts, gegen Sanchez) vor...

Belgien–Spanien 5:4

„In dieser Form traue ich den Belgiern alles zu", kommentierte Uwe Seeler den Sieg der „roten Teufel" über die Spanier. Den „Fußballkrimi von Puebla" hatte Ceulemans durch einen Flugkopfball zum 1:0 in der 35. Minute eröffnet, in der 85. Minute glich Senor 1:1 aus. Nach der torlosen Verlängerung schlug die Stunde des Jean-Marie Pfaff: Der belgische Torwart parierte gleich den zweiten Elfer des Spaniers Eloy (oben). Spielszene rechts: Gallego und Grun „verneigen" sich vor König Fußball.

Argentinien–England 2:1

„Wie soll einer diesen Spieler ausschalten?", fragte Englands Trainer Robson vor dem Anpfiff zum Spiel gegen Argentinien. Und in der Tat, Maradona war nicht zu bremsen – ob er nun einen Kopfball vortäuschte und mit der Hand zum 1:0 „einschoß" (oben) oder nach einem furiosen Sololauf mit dem Fuß das 2:0 erzielte. Der 2:1 Ehrentreffer durch Lineker vermochte die Engländer nicht zu trösten (links: Fenwick und Shilton gehen betrübt vom Platz).

Viertelfinale

Halbfinale

Und der Kaiser hat doch recht

Sollen wir ihn für einen guten, einen schlechten oder einen durchschnittlich begabten Verlierer halten? Monsieur le millionnaire aus Frankreich gibt keine Antwort auf diese Frage. Also zählt das, was er sonst noch sagt. Beispielsweise: „Man kann nicht gerade behaupten, daß Deutschland sehr gut gespielt hat. Die Beckenbauer-Elf imponiert bei dieser WM nicht, aber sie gewinnt." Er ist kein schlechter Verlierer, dieser Michel Platini, auch wenn er wenig Schmeichelhaftes über den Gegner sagt. Um wirklich fair sein zu können, hat er vielleicht zu viel verloren. Zunächst einmal die Illusion, auch mit reduziertem Aufwand das Spiel seiner Mannschaft lenken, bestimmen zu können. Zum zweiten die Hoffnung, als überragender Spieler in die Geschichte des Turniers einzugehen, so wie es bei der Europameisterschaft 1984 in seiner Heimat geschah. Und drittens, was mehr wiegt als diese kleinen Angriffe auf seine Eitelkeit, der Abschied vom Traum, das Finale zu erreichen, um den Titel spielen zu dürfen. Stattdessen mußte Michel Platini feststellen, daß ihn Wolfgang Rolff, ein fußballspielender Dauerläufer, 90 Minuten lang nicht zum Zuge kommen ließ, eben jener Rolff beim Gegner als heimlicher Sieger gefeiert wurde, während man ihn, den großen Platini, fragte, ob mit dieser Niederlage seine internationale Karriere beendet sei. In solchen Situationen häufen sich die Niederschläge. Roger Piantoni, der frühere französische Nationalstürmer und Entdecker Platinis, fällte ein hartes Urteil: „Es gab zwei Totalausfälle: Platini und Giresse." Wer also will Platini vorwerfen, er habe das Spiel vielleicht gar nicht richtig mitbekommen? Denn was bis zu jenem Halbfinale zwischen den Deutschen und den

Deutschland–Frankreich 2:0

Es war, für beide Seiten, ein Spiel der verpaßten Gelegenheiten. Und doch endete es triumphal für Teamchef Franz Beckenbauer (rechts) und seine Mannschaft. Die reguläre Spielzeit war schon verstrichen, da hob Völler, der in der 57. Minute Rummenigge abgelöst hatte (oben), von Allofs mit dem Ball bedacht, diesen über Torhüter Bats und schob ihn ins verlassene Tor zum 2:0, um sogleich mit hochgereckter Faust auf die Ehrenrunde zu traben.

Franzosen stimmte, verlor in 90 Minuten an allgemeiner Gültigkeit. Mit Pfiffen statt Beifall waren die Deutschen meist von den mexikanischen Zuschauern in Querétaro und Monterrey nach ihren Siegen verabschiedet worden. Von schwachen Leistungen und von einer Mannschaft war die Rede, die es lediglich ihrem kämpferischen Einsatz zu verdanken hatte, daß sie wieder einmal ein WM-Halbfinale, zum achtenmal, erreichte. Auf der anderen Seite die Franzosen, die mittelmäßig gestartet waren, sich von Spiel zu Spiel gesteigert hatten, um schließlich mit Brasilien durch einen Fußball-Rausch im Viertelfinale zu tanzen. Hier die Kraft, da die Kunst – die Sympathie der neutralen Zuschauer war schnell verteilt.

Maximale Leistung der „Minimalisten"

Doch diese Rechnung ging nicht auf. Mit Brehmes Glücksschuß und der früheren Führung wuchs die Gewißheit minütlich, den Gegner besiegen zu können, dem alle Welt eine spielerische Überlegenheit zubilligte. Wo blieben Platini und Giresse, Rocheteau und Stopyra? Sie spielten mit gebremstem Elan, ohne Mut und Witz, nicht forsch, nur überhastet. Sie machten es den Deutschen leicht, und endlich, endlich nahm die Mannschaft von Franz Beckenbauer das Geschenk eines Gegners einmal dankend an. Als sich auch Rudi Völler auf seine Art mit seinem Tor zum 2:0 erkenntlich zeigte, da wog die Enttäuschung in Frankreich fast ebenso schwer wie Erleichterung und Freude auf der anderen Seite des Rheines. Die einen verabschiedeten sich von ihrer Mannschaft, die anderen nahmen die Leistungssteigerung ihres Teams überrascht und in guter Laune an. Jenen, die seine Mannschaft ein paar Tage zuvor noch „Minimalisten" genannt hatten, schleuderte Beckenbauer den ganzen Stolz über seine Jungs entgegen. „Wir haben heute Maximales geleistet. Mir fehlen die Worte."

Und während in Guadalajara ein paar französische Hoffnungen begraben und neue deutsche Zuversicht geboren wurde, begann in Mexico City wieder die Show des einzigartigen Diego Maradona, der sämtliche Instrumente des Fußball-Orchesters beherrscht und nicht wie Platini nur als erster Geiger glänzen möchte. Auch die

Belgier wußten, was sie erwarten würde, ohne das Ausmaß ihrer Hilflosigkeit vorher zu ahnen. Doppeldeckung für Maradona soll Guy Thys, der Trainer, angeordnet haben – sinnlos. Zu dritt stellten sie sich ihm in den Weg – sinnlos. Was unternimmt man, um einen solchen Spieler zu beschatten? Alles und letztlich doch nichts. Von all den Stars, auf deren Kunststücke die Weltmeisterschaft vorbereitet wurde, ob Francescoli oder Sanchez, Platini oder Romero, sahen die Mexikaner weniger als erwartet, von Maradona aber noch mehr als erhofft.

Maradona contra Pfaff

Seinetwegen galten die Argentinier als Favoriten im Halbfinale gegen Belgien, nur seinetwegen. Als Mannschaft waren die Europäer im Vorteil. Sie hatten die flinken, angriffslustigen Spanier und zuvor den Geheimfavoriten UdSSR besiegt, gegen Paraguay eines der schönsten Spiele dieser Weltmeisterschaft geliefert mit ihrer schlauen Art, den Gegner zu erwarten, um ihn dann zu überrumpeln. Mit Pfaff im Tor, der sich für den größten Torhüter hält, und Ceulemans als Kapitän, der einer der längsten ist.

Als es vorbei war und 115 000 Zuschauer im Azteken-Stadion noch immer die Argentinier, deren 2:0-Sieg und den unglaublichen Diego feierten, brachte es Pfaff mit ungewohnter Schlichtheit auf einen einfachen Nenner: „Mit Maradona wären wir jetzt im Finale," um dann allerdings in gewohnter Manier hinzuzufügen: „Mein Freund Diego ist der beste Spieler, und ich bin der beste Torhüter der Welt." Seine Mannschaftskameraden und Trainer Thys hörten die Botschaft des belgischen Kindskopfes, derweil sie sich ihre eigenen Gedanken machten. Thys war stolz auf seine Mannschaft, der niemand das Erreichen des Halbfinales zugetraut hatte, noch nicht einmal in der Heimat. Um so größer fiel der Jubel aus. In Brüssel wurden Fahnen geschwenkt und Lieder gesungen, und manch einer fühlte sich an die großen erfolgreichen Jahre des Eddy Merckx erinnert. Mit der Freude von Ceulemans und Co. war es nach der Niederlage gegen die Argentinier verständlicherweise vorbei. „Verdammt, natürlich sind wir traurig und enttäuscht. Wenn

man schon einmal so weit kommt, dann will man auch ins Finale", sagte der lange Blonde. Ein positives Fazit aber dürfen die Belgier allemal – nicht nur wegen des Erreichen des Halbfinales – ziehen. Thys hat während des Turniers eine gute, neue Mannschaft zusammengestellt, in der junge Spieler wie Demol, Veyt oder Vervoort ein Versprechen auf die Zukunft abgeben.

Und da sind die Belgier sicher besser dran als Kollege Platini. Der hat zwar die Taschen schon voller Geld, aber keine Illusionen mehr.

Deutschland und Argentinien im Finale

Voller Hoffnung dagegen waren nun die deutschen Fans und Fußballer, die dem Finale entgegenfieberten. An den Stammtischen in der Heimat beherrschte dieselbe Frage in den nächsten Tagen die Gespräche, die auch in den Lagebesprechungen im deutschen Quartier alles dominierte: Wie läßt sich ein Teufelskerl wie Maradona neutralisieren? Weder Engländer noch Belgier hatten seine Kreise stören, und nicht einmal absichtliches Foulspiel hatte seinen Vorwärtsdrang bremsen können. Was würde der „Kaiser" tun?

Der Teamchef kam auf die beste Lösung: Matthäus, Deutschlands spritzigster, kämpferischster offensiver Mittelfeldmann sollte dem unvergleichlichen kleinen Kerl vom Rio de la Plata den Schneid abkaufen. Den Bayern-Star schreckte diese ehrenvolle Aufgabe nicht. Er versprach seinen Anhängern einen fairen, aber unerbittlichen Kampf und verkündete: „So schaffe ich ihn!" Beckenbauer warnte, denn natürlich reißt solche Sonderbewachung anderswo Lücken, in die die schnellen argentinischen Stoßstürmer einbrechen könnten. Die Stunde der Wahrheit kam am 29. Juni im Stadion Azteca in Mexico City, wo die beiden Fußballgroßmächte ihre Kräfte messen sollten. Für die bevorstehende Endspiel-Begegnung repräsentierten Deutschland und Argentinien nicht nur ihre Nationen, sondern auch ihre Kontinente. Nach der XII. WM stand es zwischen Europa und Südamerika 6:6 – für wen würde es nach der XIII. WM 7:6 stehen?

Es war das mit Abstand beste Spiel der deutschen Elf bei dieser Weltmeisterschaft, und die Franzosen sind wie 1982 am deutschen Gegner gescheitert. Sie wirkten ausgebrannt und verunsichert. Nichts zu sehen vom gallischen Esprit des Fußballs, der noch im Viertelfinale gegen die Brasilianer sprühte.

Beckenbauer setzte Haltesignale. Rolff stoppte Platini, Förster bremste Stopyra aus. Natürlich war auch Glück im Spiel. Wäre Berthold nicht gesperrt gewesen, hätte Brehme zuschauen müssen und folglich auch nicht das 1:0 erzielen können. Das Glück war diesmal mit den Tüchtigen, den Fleißigen, wie dem Hans-Peter Briegel (oben, im Abwehrkampf, links, im Siegestaumel).

Nach dem Abpfiff: Bossis verzweifelt (oben), Schumacher jubelt (rechts). Teamchef Franz Beckenbauer: „Mir fehlen die Worte, daß wir nun im Endspiel stehen. Man kann dieser Mannschaft nur gratulieren. Fußball-Deutschland kann stolz auf diese Elf sein. Wir haben alles gegeben, es hat alles gestimmt, die Begeisterung, die Einstellung. Die Franzosen haben nach dem 1:0 nicht sehr klug gespielt, dadurch hatten wir die besseren Konterchancen. Frankreich gehört zu den besten Mannschaften der Welt und die Elf spielt einfach so gut im Mittelfeld, daß man nicht jede Chance vermeiden kann. Im Fußball zählt nicht nur die Schönheit, sondern es geht auch um Taktik und Notwendigkeit."

An dem Hamburger Wolfgang Rolff kommt so leicht keiner vorbei – Michel Platini nicht, auf den Rolff

angesetzt war, und auch Stopyra nicht, der sich hier vergeblich Richtung Ball streckt (oben).

Argentinien–Belgien 2:0

"Ich danke Gott, daß Diego Maradona ein Argentinier ist." Dieses Stoßgebet schickte Trainer Carlos Bilardo in den mexikanischen Himmel, nachdem sein Fußball-Genie den Weltmeister von 1978 zum 2:0-Sieg über Belgien und damit ins Endspiel der XIII. Fußball-WM gegen Deutschland geschossen hatte. *"Wenn Maradona bei uns gespielt hätte, stünde Belgien im Finale"*, bestätigte Belgiens Trainer Guy Thys die Ausnahmestellung des 25jährigen „Dieguito".
Die Art, wie der zum Weltstar gereifte Maradona seine Gegner wie die Slalomstangen umkurvte, nötige Jean-Marie Pfaff den höchsten Respekt ab. „Diego ist der beste Spieler der Welt. Ihn kann keiner ausschalten", kommentierte der belgische Torhüter Maradonas Supertore (52. und 63. Minute) und beeilte sich nach dem Schlußpfiff, das „wertvollste Souvenir", das Trikot mit der weltberühmten Nummer 10, in Empfang zu nehmen. Maradona selbst dankte noch auf dem Rasen „Neapel, Italien und meiner Mannschaft" für den Vorstoß ins Finale, widmete „die beiden Tore meinem Vater und meiner Mutter" und rief hernach von der Kabine aus, nur mit einem Badetuch bekleidet, sofort seine Mutter und Brüder an, um mit ihnen den Triumph zu teilen und auszukosten. Die Freude seiner Mannschaftskameraden (rechts) war ihm natürlich ebenso lieb.

108   Halbfinale

Frankreich–Belgien 4:2

Im Spiel um den 3. Platz (oben: Spielszene) wähnten sich die Belgier nach ihrem Führungstor (11. Minute) bereits auf der Straße des Sieges. Doch dann gönnte ihnen Frankreichs Reserve keine Ruhe mehr. Nach Vorarbeit von Bellone und Vercruysse schoß Ferreri in der 27. Minute den Ausgleich und zwei Minuten vor Halbzeit gelang Papin das 2:1. Der Ex-Stuttgarter Nico Claesen erzielte in der 72. Minute zwar das 2:2 und erzwang damit die Verlängerung, aber die Franzosen waren dann nicht mehr zu stoppen. Genghini traf in der 104. Minute nach einem schweren Abwehrfehler von Ramond Mommens zum 3:2, und Amoros verwandelte in der 109. Minute einen Foulelfmeter, den Gerets an ihm verschuldet hatte, zum 4:2-Endstand.

Finale

Der verlorene Sieg

Die Kräfteverteilung für dieses Finale war klar geregelt: Auf der einen Seite eine Mannschaft mit typisch deutschen Tugenden: Arbeit, Ordnung, Disziplin; nach Schweiß riechender Fußball. Deutsche Wertarbeit am Ball. Auf der anderen Seite eine der wenigen Mannschaften dieses Turniers, die neben Erfolg auch hohe Haltungsnoten für den künstlerischen Eindruck verdient: Argentinien. Und noch nie hat eine europäische Mannschaft in Süd- oder Mittelamerika einen WM-Titel holen können.

Die Uhr im Stadion stand auf fünf nach Zwölf, als Schiedsrichter Arppi, ein kleiner, schmächtiger Makler aus Brasilien, die Partie anpfiff, die letzte der Mundial 86. Vielleicht war es eine Referenz an die unglücklichen Brasilianer, die wie vier Jahre zuvor begeisternden Fußball geboten hatten, von Frankreich jedoch gestoppt worden waren.

„Wir wollen keinen Schönheitspreis gewinnen, sondern in erster Linie Erfolg haben" meinte der deutsche Teamchef Franz Beckenbauer schon vor dem Finale. Seine Maxime wurde befolgt, das Team ackerte, und mit einer gehörigen Portion Glück ... aber jenes Glück hat bekanntlich nur der Tüchtige. Einer, der besonders hervorstach bis zum letzten Auftritt war Torwart Toni Schumacher, ehrgeizig, nahezu besessen. In eine imaginäre Weltelf war er vor dem Finale gewählt worden, doch ausgerechnet Schumacher patzte ungewöhnlich oft. In seinem knallgelben Jersey flatterte er wie ein riesiger Zitronenfalter durch den Strafraum, zumindest einmal auch vorbei an Ball und Gegner. Burruchagas Freistoß senkte sich über den Torwart hinweg, Libero Brown

Deutschland – Argentinien 2:3

29. Juni 1986, 12.00 Uhr Ortszeit: 114 500 Zuschauer im Azteken-Stadion in Mexico City warten auf den Anpfiff zum Endspiel der XIII. Fußball-Weltmeisterschaft. Ins Finale hatten sich Argentinien, Weltmeister von 1978, und die Bundesrepublik Deutschland, Weltmeister von 1954 und 1974, vorgekämpft. Der Händedruck der beiden Kapitäne Karl-Heinz Rummenigge und Diego Maradona (oben) blieb keine leere Geste: Die Deutschen und die

Argentinier sollten sich ein hartes und hochdramatisches, aber auch faires Spiel liefern. Daß Rummenigge heute sein erstes WM-Tor in Mexiko schießen und Maradona, als fünfmaliger WM-Torschütze dem englischen WM-Torschützenkönig Gary Lineker (6 Treffer) auf den Fersen, heute leer ausgehen würde, ahnten sie ebenso wenig voraus wie Verlauf und Ergebnis des Spiels. Ein argentinischer Taxifahrer wußte es ganz genau, als er von einem deutschen Fernsehreporter um seinen Tip gebeten wurde: „3:2 für Argentinien."

erwischte ihn unbedrängt mit dem Kopf: Argentinien führte 1:0, völlig verdient schon zu diesem Zeitpunkt. Das Spiel der Südamerikaner war reifer, balltechnisch waren sie den Deutschen um eine Klasse überlegen. Und wessen Herz neutral und für schönen Fußball schlägt, der sah sich frühzeitig am Ziel seiner Wünsche angelangt, denn kurz nach der Pause versagte die deutsche Abseitsfalle. Valdano, der Real-Stürmer, vollendete seelenruhig und nutzte die einmalige Chance zum 2:0.

Drei Minuten zwischen Himmel und Hölle

Zwei Tore, aber keines von Diego Armando Maradona – wo war der große Zampano, der Kapitän der Argentinier? Maradona trieb sich vornehmlich auf der Mittelstürmerposition herum, raubte so seinem direkten Gegenspieler Matthäus Zeit und Lust, selbst eigene Angriffe zu inszenieren und stellte sich als Anspielpunkt in den Dienst der Mannschaft. Maradona glänzte nicht so wie in den Spielen vorher, doch dafür strahlten seine Mannschaftskameraden, Burruchaga vor allem. Es lief alles nach Plan, ehe die deutsche Kampfkraft in der Schlußphase noch einmal Berge zu versetzen schien. Karl-Heinz Rummenigge, der bisher meist hinter der Musik hergelaufen war, schoß den Anschlußtreffer (73.), Rudi Völler glich aus (82.). Mit dem Mut der Verzweiflung hatten sie die Bälle nach vorn geschlagen, wo Dieter Hoeneß mittlerweile eingewechselt worden war für Magath. Alles oder nichts, kampflos wollten sich Beckenbauer und sein Team nicht geschlagen geben. „Zwischen Himmel und Hölle habe ich mit gefühlt in diesem Moment", gestand Matthäus später. Was war zu tun? Auf eine Verlängerung bauen, den sicheren Weg einschlagen, oder im Sturm nach den Sternen greifen? Die Euphorie setzte die Vernunft außer Kraft. Die Deutschen stürmten weiter, und Burruchaga nutzte nur drei Minuten nach Völlers Tor einen Konter zum Siegtreffer für Argentinien. Ende gut, Argentinien gut. Die spielerisch klar bessere Mannschaft ist Weltmeister geworden, und der zuvor oft geschmähte Gegner hat sich teuer verkauft, mit bescheidenen Mitteln Maximales erreicht.

Habacht-Stellung beim Abspielen der Nationalhymnen. Um sich von den Argentiniern auch farblich ausreichend zu unterscheiden, hatte das deutsche Team statt der üblichen schwarz-weißen Trikots diesmal das

grüne Leibchen mit weißer Hose anziehen müssen – eine Kombination, die der DFB-Auswahl in der Vergangenheit meist Glück gebracht hatte. Doch gibt es ja leider keine Regel ohne Ausnahme…

Es ist gewiß kein hochklassiges Finale gewesen, sondern eines, bei dem die Argentinier ihre nicht einmal glanzvollen Eigenschaften technisch-taktischer Art besser auf dem Rasen des mit 114 500 Zuschauern ausverkauften Azteken-Stadions auszuspielen wußten. Die deutschen Spieler konnten nicht über ihre schon in der Vorrunde gezeigten Tugenden wie Einsatzwillen, Lauffreudigkeit und die Bereitschaft hinauswachsen, bis an den Rand der körperlichen Erschöpfung zu gehen.

Das zuvor als entscheidend erachtete Duell Maradona gegen Matthäus endete vor der Halbzeit mit Vorteilen für den Argentinier, weil niemandem auffiel, daß der sonstige Mittelfeldspieler diesmal fast in Mittelstürmerposition agierte. Nachher allerdings mußte sich das in Neapel spielende Fußball-Wunderkind (rechts im Anflug auf Schumachers Tor) gegen Matthäus bescheiden.

Der Raum, der Diego Maradona fehlte, den nützte Spielmacher Jorge Burruchaga mit einer grandiosen Vorstellung. Er kämpfte mit der DFB-Abwehr des öfteren den letzten Tango und war letztlich hauptverantwortlich für den Triumph seiner Mannschaft, den etwa 500 Millionen Menschen an den Fernsehschirmen in aller Welt sahen.

Eine Kette von Fehlleistungen ermöglichte den Argentiniern das 1:0 in der 22. Spielminute. Matthäus hatte seinen Kontrahenten Maradona an der rechten Außenlinie völlig unnötig zu Boden gestoßen, eine Verwarnung sowie einen Freistoß gegen sich einstecken müssen. Diesen trat Burruchaga mit viel Effet vor das Tor, aus dem Schlußmann Schumacher gerannt kam, sich aber so sehr verschätzte, daß der hochspringende Libero Brown hervorragend mit dem Kopf an den Ball kam (rechts), der hoch unter dem Tor dann einschlug; ein Treffer, der allein entstanden war aus der hochgradigen Motivation der DFB-Spieler, die es einfach zu gut machen wollten und dabei über das Ziel hinausschossen.

Was angesichts des nun verstärkten Drucks der Deutschen beinahe zu erwarten war, nämlich ein zweiter Gegentreffer, passierte schließlich in der 51. Minute. Maradona erkämpfte sich das Leder im Mittelfeld, spielte zu Burruchaga, der mit einem Steilpaß Linksaußen Jorge Valdano von Real Madrid einsetzte. Schumacher eilte zwar ganz richtig aus dem Tor, blieb jedoch auf halbem Weg stehen, so daß Valdano einen ausgesprochen günstigen Winkel zum Schuß hatte: Das 0:2 entsprang, wenn man so will, also ebenfalls mehr eigenen Fehlern als argentinischer Fußballkunst.

Finale 117

Nur war die Brechstange als Gegenmittel gefordert. Folglich bot Beckenbauer nun den hochgewachsenen Kopfballspezialisten Dieter Hoeneß für den enttäuschenden Magath auf, in der Hoffnung, daß die Spitzen Rummenigge, Völler und Hoeneß doch noch einmal stechen. Das geschah in der Tat, als der Verlauf eigentlich schon nicht mehr darauf hindeutete. In der 73. Minute schlug Andreas Brehme einen Eckball von der linken Seite, Rudi Völler verlängerte das Leder von der Kante des Fünf-Meter-Raumes mit dem Kopf direkt in den Lauf von Rummenigge, der den Ball im Rutschen an Torhüter Pumpido vorbei über die Linie drückte: 1:2 Hoffnung keimte auf in den Reihen der Deutschen und Erinnerungen an viele ähnliche, schon verloren geglaubte Partien, die von der DFB-Mannschaft noch herumgerissen wurden.

Finale

Gegen 14 Uhr mexikanischer Ortszeit erhielt Argentiniens Fußball-Superstar Maradona die Copa del Mundo überreicht (oben). Argentiniens Mannschaft hat sich mit einem 3:2-Erfolg über das deutsche Team zum zweitenmal den Weltmeistertitel erobert. Der lange Zeit gesichert scheinende Erfolg der Südamerikaner kam dank einer großartigen kämpferischen Leistung der Deutschen gegen Ende noch einmal in Gefahr, als Völler das 2:2 erzielte, ehe der alle überragende Spielmacher Burruchaga fünf Minuten vor dem Ende der regulären Spielzeit Schlußmann Schumacher noch einmal und entscheidend überwand.

Finale 121

Die XIII. Fußball-WM im Spiegel von 52 Spiel-Telegrammen

Vorrunde

Gruppe A

Bulgarien – Italien 1:1 (31. 5.)
Austragungsort: Stadion Azteca in Mexico City
Bulgarien: Michailov, Arabov, Sirakov, Dimitrov, Alexander Markov, Zdravkov, Sadkov, Gospodinov (ab 75. Jeliaskov), Getov, Iskrenov (ab 66. Kostadinov), Mladenov
Italien: Galli, Scirea, Bergomi, Vierchowod, Cabrini, De Napoli, Conti (ab 66. Vialli), Di Gennaro, Bagni, Galderisi, Altobelli
Schiedsrichter: Frederiksson (Schweden)
Tore: 0:1 Altobelli (44.), 1:1 Sirakov (85.)
Zuschauer: 112500 (ausverkauft)
Gelbe Karten: Markov, Bergomi, Cabrini

Argentinien – Südkorea 3:1 (2. 6.)
Austragungsort: Stadion Olimpico in Mexico City
Argentinien: Pumpido, Brown, Ruggeri, Garre, Clausen, Batista (75. Olarticoechea), Maradona, Burruchaga, Giusti, Valdano, Pasculi (73. Tapia)
Südkorea: Oh, Min-Kook Cho, Jung, Pyung-Suh Kim (22. Kwang-Rae Cho), Kyung Hoon Park, Chang-Sun Park, Yong-Se Kim (46. Byun), Huh, Joo-Sung Kim, Choi, Cha
Schiedsrichter: Sánchez Arminio (Spanien)
Tore: 1:0 Valdano (6.), 2:0 Ruggeri (18.), 3:0 Valdano (46.), 3:1 Chang-Sun Park (73.)
Zuschauer: 60000
Gelbe Karten: Huh, Chang-Sun Park

Italien – Argentinien 1:1 (5. 6.)
Austragungsort: Stadion Cuauhtemoc in Puebla
Italien: Galli, Scirea, Bergomi, Vierchowod, Cabrini, Conti (66. Vialli), Bagni, De Napoli (88. Baresi), Di Gennaro, Galderisi, Altobelli
Argentinien: Pumpido, Brown, Ruggeri, Cucciuffo, Batista (61. Olarticoechea), Maradona, Giusti, Garre, Burruchaga, Borghi (75. Enrique), Valdano
Schiedsrichter: Keizer (Niederlande)
Tore: 1:0 Altobelli (7., Handelfmeter), 1:1 Maradona (34.)
Zuschauer: 25000

Südkorea – Bulgarien 1:1 (5. 6.)
Austragungsort: Stadion Olimpico in Mexico City
Südkorea: Oh Yun-Kyo, Young-Jeung Cho, Kyung-Hoon Park, Jung, Kwang-Rae Cho (70. Min. Kook Cho), Huh, Byun, Chang-Sun Park, Joo-Sung Kim, Bum-Kun Cha, No (46. Jong-Boo Kim)
Bulgarien: Michailov, Arabov, Zdravkov, Dimitrov, Sadkov, Petrov, Sirakov, Gospodinov, Getov (58. Jeliaskov), Iskrenov (46. Kostadinov), Mladenov
Schiedsrichter: Al-Shanar (Saudi-Arabien)
Tore: 0:1 Getov (11.), 1:1 Jong-Boo Kim (70.)
Zuschauer: 80000
Gelbe Karten: Joo-Sung Kim, Young-Jeung Cho, Gospodinov

Südkorea – Italien 2:3 (10. 6.)
Austragungsort: Stadion Cuauhtemoc in Puebla
Südkorea: Oh, Young-Jeung Cho, Jung, Kwang-Rae Cho, Kyung-Hoon Park, Chang-Sun Park, Huh, Joo-Sung Kim (46. Chung), Byun (71. Jong-Boo Kim), Choi, Cha
Italien: Galli, Scirea, Collovati, Vierchowod, Cabrini, Conti, De Napoli, Bagni, (67. Baresi), Di Gennaro, Galderisi (88. Vialli), Altobelli
Schiedsrichter: Socha (USA)
Tore: 0:1 Altobelli (18.), 1:1 Choi (63.), 1:2 Altobelli (73.), 1:3 Kwang-Rae Cho (83., Eigentor), 2:3 Huh (88.)
Zuschauer: 8000
Gelbe Karten: Joo-Sung Kim, Kyung-Hoon Park, Chung, Bagni, Scirea, Vierchowod

Argentinien – Bulgarien 2:0 (10. 6.)
Austragungsort: Stadion Olimpico in Mexico City
Argentinien: Pumpido, Brown, Ruggeri, Cucciuffo, Batista (46. Enrique), Maradona, Giusti, Garre, Burruchaga, Borghi (46. Olarticoechea), Valdano
Bulgarien: Michailov, Jeliaskov, Sirakov (71. Zdravkov), Dimitrov, Markov, Petrov, Sadkov, Jardanov, Markov, Getov, Mladenov (55. Velischkov)
Schiedsrichter: Ullo Morera (Costa Rica)
Tore: 1:0 Valdano (3.), 2:0 Burruchaga (78.)
Zuschauer: 40000
Gelbe Karte: Cucciuffo

Gruppe B

Belgien – Mexiko 1:2 (3. 6.)
Austragungsort: Stadion Azteca in Mexico City
Belgien: Pfaff, Franky van der Elst, Gerets, Bross, De Wolf, Scifo, Vandereycken, Ceulemans, Vercauteren, Desmet (60. Claesen), Vandenbergh (65. De Mol)
Mexiko: Larios, Felix Cruz, Trejo, Aguirre, Servin, Quirarte, Muñoz, Negrete, Boy (70. España), Sanchez, Flores (80. Cruz)
Schiedsrichter: Esposito (Argentinien)
Tore: 0:1 Quirarte (23.), 0:2 Sanchez (39.), 1:2 Vandenbergh (45.)
Zuschauer: 112500 (ausverkauft)

Paraguay – Irak 1:0 (4. 6.)
Austragungsort: Stadion Bombonera in Toluca
Paraguay: Fernandez, Delgado, Zabala, Nuñez, Schettina, Iorales, Romero, Cañete, Perreira, Cabañas, Mendoza (88. Guasch)
Irak: Hammoudi, Salim, Allawi, Mahmoud, Al-Roubai, Hassan (67. Aufi), Hanna (81. Kassim), Abidoun, Shihab, Amaiesh, Mohammed
Schiedsrichter: Picon-Ackong (Mauritius)
Tor: 1:0 Romero (36.)
Zuschauer: 12000
Gelbe Karten: Schettina, Mahmoud

Mexiko – Paraguay 1:1 (7. 6.)
Austragungsort: Stadion Azteca in Mexico City
Mexiko: Larios, Felix Cruz, Trejo, Quirarte, Servin, Muñoz, Aguirre, Boy (58. España), Negrete, Sanchez, Flores (76. Francisco Cruz)
Paraguay: Fernandez, Delgado, Zabala, Schettina, Torales (81. Hicks), Romero, Nuñez, Cañete, Perreira, Cabañas, Mendoza (62. Guasch)
Schiedsrichter: Courtney (England)
Tore: 1:0 Flores (3.), 1:1 Romero (85.)
Zuschauer: 112500 (ausverkauft)
Gelbe Karten: Trejo, Negrete, Sanchez (2), Mendoza, Schettina (2)

Irak – Belgien 1:2 (8. 6.)
Austragungsort: Stadion Bombonera in Toluca
Irak: Hammoudi, Mahmoud, Allawi, Salim, Al-Roubai, Hassan, Hanna, Abidoun, Shihab, Amaiesh, Minshid (81. Aufi)
Belgien: Pfaff, Van der Elst, Gerets, De Mol (69. Grun), De Wolf, Scifo (66. Cluyster), Vandereycken, Ceulemans, Vercauteren, Desmet, Claesen
Schiedsrichter: Diaz Palacio (Kolumbien)
Tore: 0:1 Scifo (15.), 0:2 Claesen (20., Foulelfmeter), 1:2 Ameiesh (57.)
Zuschauer: 10000
Gelbe Karten: Hammoudi, Salim, Hassan, Mahmoud (2), Abidoun
Rote Karte: Hanna

Irak – Mexico 0:1 (11. 6.)
Austragungsort: Stadion Azteca in Mexico City
Irak: Nusseyef, Ibrahim, Khalil, Allawi, Nadhun Shaker, Al-Roubai, Hassan, Abid (79. Mahmoud), Hashem, Kassim, Hussein, Radi, Saddam
Mexiko: Larios, Quirarte, Amador (62. Dominguez), Felix Cruz, Servin, De Los Cobos, (79. Francisco Javier Cruz), Aguirre, España, Boy, Flores, Negrete
Schiedsrichter: Petrovic (Jugoslawien)
Zuschauer: 108000
Tor: 0:1 Quirarte (54.)

Paraguay – Belgien 2:2 (11. 6.)
Austragungsort: Stadion Bombonera in Toluca
Paraguay: Fernandez, Zabala, Torales, Delgado, Guasch, Nuñez, Ferreira, Romero, Cañete, Cabañas, Mendoza (70. Hicks)
Belgien: Pfaff, Renquin, Grun (90. Leo van der Elst), Bross, Vervoort, Scifo, De Mol, Ceulemans, Vercauteren, Veyt, Claesen
Schiedsrichter: Dotschev (Bulgarien)
Zuschauer: 12000
Tore: 0:1 Vercauteren (32.), 1:1 Cabañas (50.), 1:2 Veyt (61.), 2:2 Cabañas (77.)

Gruppe C

Kanada – Frankreich 0:1 (1. 6.)
Austragungsort: Stadion Nou Camp in Leon
Kanada: Dolan, Lenarduzzi, Bridge, Samuel, Wilson, Sweeney (53. Lowery), Norman, Ragan, James (82. Segota), Vrablic, Valentine
Frankreich: Bats, Bossis, Amoros, Battiston, Fernandez, Tigana, Giresse, Platini, Tusseau, Papin, Rocheteau (68. Stopyra)
Schiedsrichter: Silva (Chile)
Tor: 0:1 Papin (79.) – *Zuschauer:* 35748

UdSSR – Ungarn 6:0 (2. 6.)
Austragungsort: Stadio Irapuato in Irapuato
UdSSR: Dassajew, Bessonow, Larionow, Kuznetsow, Demianenko, Jaremschuk, Jakowenko (72. Jewtuschenko), Aleinikow, Belanow (70. Radionow), Raz, Sawarow
Ungarn: Peter Disztl, Roth (13. Burcsa), Sallai, Garaba, Peter (63. Dajka), Antal Nagy, Kardos, Bognar, Detari, Kiprich, Esterhazy
Schiedsrichter: Agnolin (Italien)
Tore: 1:0 Jakowenko (2.), 2:0 Aleinikow (4.), 3:0 Belanow (25., Foulelfmeter), 4:0 Jaremschuk (66.), 5:0 Jaremschuk (71.), 6:0 Radinow (78.)
Zuschauer: 16500

Frankreich – UdSSR 1:1 (5. 6.)
Austragungsort: Stadion Nou Camp in Leon
Frankreich: Bats, Battiston, Ayache, Bossis, Amoros, Tigana, Giresse (83. Vercruysse), Platini, Fernandez, Papin (76. Bellone), Stopyra
UdSSR: Dassajew, Bessonow, Larionow, Kuznetsow, Demianenko, Jaremschuk, Jakowenko (69. Radionow), Aleinikow, Sawarow (59. Blochin), Belanow, Raz
Schiedsrichter: Arppi Filho (Brasilien)
Tore: 0:1 Raz (54.), 1:1 Fernandez (61.)
Zuschauer: 27000

Ungarn – Kanada 2:0 (6. 6.)
Austragungsort: Stadion Irapuato in Irapuato
Ungarn: Szendrei, Kardos, Sallai, Garaba, Varga, Nagy (63. Dajka), Burcsa (29. Roth), Bognar, Detari, Kiprich, Esterhazy
Kanada: Lettieri, Lenarduzzi, Bridge, Samuel, Wilson (41. Sweeney), Ragan, Gray, James (54. Segota), Norman, Valentine, Vrablic
Schiedsrichter: Al-Sharif (Syrien)
Tore: 1:0 Esterhazy (2.), 2:0 Detari (76.)
Zuschauer: 13800
Gelbe Karte: Lenarduzzi
Rote Karte: Sweeney

Ungarn – Frankreich 0:3 (9. 6.)
Austragungsort: Stadion Nou Camp in Leon
Ungarn: Disztl, Roth, Garaba, Kardos, Sallai, Hannich (46. Nagy), Detari, Varga, Kovacs (65. Bognar), Dajka, Esterhazy
Frankreich: Bats, Battiston, Ayache, Bossis, Amoros, Tigana, Giresse, Platini, Fernandez, Stopyra (71. Ferreri), Papin (61. Rocheteau)
Schiedsrichter: Da Silva (Portugal)
Tore: 0:1 Stopyra (30.), 0:2 Tigana (63.), 0:3 Rocheteau (85.)
Zuschauer: 21000
Gelbe Karten: Ayache, Rocheteau

UdSSR – Kanada 2:0 (9. 6.)
Austragungsort: Stadion Irapuato in Irapuato
UdSSR: Tschanow, Kuznetsow, Morosow, Bubnow, Litowschenko, Bal, Rodionow, Aleinikow, Jewtuschenko, Protassow (57. Belanow), Blochin (62. Sawarow)
Kanada: Lettieri, Lenarduzzi, Samuel, Bridge, Wilson, Norman, Gray (70. Pakos), Ragan, James (64. Segota), Valentine, Mitchell
Schiedsrichter: Traoré (Mali)
Tore: 1:0 Blochin (59.), 2:0 Sawarow (75.)
Zuschauer: 8000

Gruppe D

Spanien – Brasilien 0:1 (1. 6.)
Austragungsort: Stadion Jalisco in Guadalajara
Spanien: Zubizarreta, Maceda, Tomas, Giocoechea, Camacho, Michel, Victor, Fransisco (81. Señor), Julio Alberto, Salinas, Butragueno
Brasilien: Carlos, Julio Cesar, Edson, Edinho, Branco, Alemao, Socrates, Elzo, Junior (78. Falcao), Careca, Casagrande (66. Muller)
Schiedsrichter: Bambridge (Australien)
Tor: 0:1 Socrates (62.)
Zuschauer: 64000
Gelbe Karten: Julio Alberto, Branco

123

Algerien – Nordirland 1:1 (3. 6.)
Austragungsort: Stadion 3 de Marzo in Guadalajara
Algerien: Larbi, Medjadi, Korichi, Guendouz, Mansouri, Said, Ben Mabrouk, Maroc, Madjer (33. Harkouk), Zidane (72. Belloumi), Assad
Nordirland: Jennings, Nicholl, McDonald, O'Neill, Donaghy, Penney (68. Stewart), McIlroy, McCreery, Worthington, Hamilton, Whiteside (81. Clarke)
Schiedsrichter: Butenko (UdSSR)
Tore: 1:0 Whiteside (6.), 1:1 Zidane (59.)
Zuschauer: 25000
Gelbe Karten: Mansouri, Worthington, McIlroy, Whiteside

Brasilien – Algerien 1:0 (6. 6.)
Austragungsort: Stadion Jalisco in Guadalajara
Brasilien: Carlos, Julio Cesar, Edson (11. Falcao), Edinho, Branco, Alemao, Socrates, Elzo, Junior, Careca, Casagrande (60. Muller)
Algerien: Drid, Megharia, Medjadi, Mansouri, Guendouz, Ben Mabruk, Kaci Said, Assad (68. Bensouala), Madjer, Menad, Belloumi (80. Zidane)
Schiedsrichter: Méndez Molina (Guatemala)
Tor: 1:0 Careca (67.)
Zuschauer: 40000

Nordirland – Spanien 1:2 (7. 6.)
Austragungsort: Stadion 3 de Marzo in Guadalajara
Nordirland: Jennings, Nicholl, O'Neill, McDonald, Donaghy, Penney (54. Stewart), McIlroy, McCreery, Worthington (71. Hamilton), Whiteside, Clarke
Spanien: Zubizarreta, Gallego, Goicoechea, Camacho, Tomas, Michel, Victor, Fransico, Gordillo (54. Caldere), Butragueno, Salinas (79. Señor)
Schiedsrichter: Brummeier (Österreich)
Tore: 0:1 Butragueno (2.), 0:2 Salinas (19.), 1:2 Clarke (47.)
Zuschauer: 28000
Gelbe Karten: Hamilton, Victor

Nordirland – Brasilien 0:3 (12. 6.)
Austragungsort: Stadion Jalisco in Guadalajara
Nordirland: Jennings, Nicholl, McDonald, O'Neill, Donaghy, McCreery, McIlroy, Campbell (71. Armstrong), Clarke, Whiteside (68. Hamilton), Stewart
Brasilien: Carlos, Josimar, Edinho, Julio Cesar, Branco, Alemao, Elzo, Socrates (68. Zico), Junior, Muller (27. Casagrande), Careca
Schiedsrichter: Kirschen (DDR)
Tore: 0:1 Careca (15.), 0:2 Josimar (40.), 0:3 Careca (88)
Zuschauer: 42000
Gelbe Karte: Donaghy

Algerien – Spanien 0:3 (12. 6.)
Austragungsort: Stadion Tecnologico in Monterrey
Algerien: Drid (21. El Hadi), Fodol, Kourichi, Guendouz, Mansouri, Kaci Said, Maroc, Belloumi, Madjer Rabah, Zidane (59. Menad), Harkouk
Spanien: Zubizarreta, Gallego, Tomas, Goicoechea, Camacho, Michel (64. Señor), Victor, Francisco, Galdere, Butragueno (46. Eloy), Salinas
Schiedsrichter: Takada (Japan)
Tore: 0:1 Caldere (18.), 0:2 Caldere (68), 0:3 Eloy (71.)
Gelbe Karten: Madjer Rabah, Goicoechea

Gruppe E

Uruguay – Deutschland 1:1 (4. 6.)
Austragungsort: Stadion La Corregidora in Queretaro
Uruguay: Alvez, Acevedo, Diogo, Gutierrez, Batista, Barrios (56. Saralegui), Bossio, Francescoli, Santin, Alzamendi (83. Ramos), Da Silva
Deutschland: Schumacher, Augenthaler, Berthold, Förster, Briegel, Matthäus (ab 69. Rummenigge), Eder, Magath, Brehme (ab 46. Littbarski), Völler, Allofs
Schiedsrichter: Christov (ČSSR)
Tore: 1:0 Alzamendi (5.), 1:1 Allofs (85.)
Zuschauer: 25000
Gelbe Karten: Diogo, Saralegui

Schottland – Dänemark 0:1 (4. 6.)
Austragungsort: Stadion Neza in Nezahualcoyotl
Schottland: Leighton, Miller, McLeish, Malpas, Gough, Souness, Strachan (75. Bannon), Aitken, Nicol, Sturrock (60. McAvennie), Nicholas
Dänemark: Rasmussen, Morten Olsen, Busk, Ivan Nielsen, Arnesen (75. Siveback), Jesper Olsen (80. Moelby), Laudrup, Elkjaer-Larsen
Schiedsrichter: Nemeth (Ungarn)
Tor: 0:1 Elkjaer-Larsen (59.)
Zuschauer: 20000
Gelbe Karte: Berggreen

Deutschland – Schottland 2:1 (8. 6.)
Austragungsort: La Corregidora in Queretaro
Deutschland: Schumacher, Augenthaler, Eder, Förster, Briegel (64. Jakobs), Berthold, Littbarski (77. Rummenigge), Matthäus, Magath, Völler, Allofs
Schottland: Leighton, Miller, Narey, Malpas, Gough, Souness, Strachan, Aitken, Nicol (61. McAvennie), Bannon (75. Cooper), Archibald
Schiedsrichter: Igna (Rumänien)
Tore: 0:1 Strachan (18.), 1:1 Völler (22.), 2:1 Allofs (50.)
Zuschauer: 30000
Gelbe Karten: Bannon, Malpas

Dänemark – Uruguay 6:1 (8. 6.)
Austragungsort: Stadion Neza in Nezahualcoyotl
Dänemark: Rasmussen, Morten Olsen, Ivan Nielsen, Busk, Andersen, Berggreen, Bertelsen (56. Moelby), Arnesen, Lerby, Laudrup (82. Jesper Olsen), Elkjaer-Larsen
Uruguay: Alvez, Acevedo, Diogo,, Gutierrez, Saralegui, Bossio, Santin (56. Zalazar), Batista, Alzamendi (56. Ramos), Da Silva, Francescoli
Schiedsrichter: Marquez Ramirez (Mexiko)
Tore: 1:0 Elkjaer (11.), 2:0 Lerby (41.), 2:1 Francescoli (45. Foulelfmeter), 3:1 Laudrup (51.), 4:1 Elkjaer (69.), 5:1 Elkjaer (80.), 6:1 Jesper Olsen (88.)
Zuschauer: 30000
Rote Karte: Bossio

Dänemark – Deutschland 2:0 (13. 6.)
Austragungsort: Stadion Corregidora in Queretaro
Dänemark: Högh, Morten Olsen, Siveback, Busk, Andersen, Arnesen, Moelby, Lerby, Jesper Olsen (72. Simonsen), Elkjaer-Larsen (46. Eriksen), Laudrup
Deutschland: Schumacher, Jakobs, Förster (72. Rummenigge), Eder, Brehme, Berthold, Matthäus, Herget, Rolff (46. Littbarski), Völler, Allofs
Schiedsrichter: Ponnet (Belgien)
Tore: 1:0 J. Olsen (44., Foulelfmeter), 2:0 Eriksen (63.)
Zuschauer: 30000
Gelbe Karten: Eder, Jakobs, Arnesen
Rote Karte: Arnesen

Schottland – Uruguay 0:0 (13. 6.)
Austragungsort: Stadion Neza in Nezahualcoyotl
Schottland: Leighton, Miller, Gough, Narey, Albiston, Strachan, Aitken, McStay, Nicol (70. Cooper), Sturrock (70. Nicholas), Sharp
Uruguay: Alvez, Acevedo, Diogo, Gutierrez, Barrios, Batista, Pereira, Santin, Ramos (71. Saralegui), Francescoli (84. Alzamendi), Cabrera
Schiedsrichter: Quiniou (Frankreich)
Zuschauer: 15000
Gelbe Karten: Narey, Nicol, Cabrera, Diogo, Alvez
Rote Karte: Batista

Gruppe F

Marokko – Polen 0:0 (2. 6.)
Austragungsort: Stadion Universitario in Monterrey
Marokko: Badou, Bouyhiaouí, Labid, El-Biyaz, Lamriss, Bouderbala, Dolmy, Timoumi (90. Khairi), Mustapha el Hadaoui (90. Soulaimani), Abdelkarim Merry, Mustapha Merry

Polen: Mlynarczyk, Wojcicki, Ostrowski, Majewski, Matysik, Kubicki (46. Przybys), Komornicki, Buncol, Boniek, Dzekanowski (55. Urban), Smolarek
Schiedsrichter: Martinez Bazán (Uruguay)
Zuschauer: 12000
Gelbe Karte: Timoumi

Portugal – England 1:0 (3. 6.)
Austragungsort: Stadion Tecnologico in Monterrey
Portugal: Bento, Alvaro, Frederico, Oliveira, Inacio, Diamantino (83. José Antonio), Andre, Carlos, Manuel, Pacheco, Sousa, Gomes (73. Futre)
England: Shilton, Gary Michael Stevens, Fenwick, Butcher, Sansom, Hoddle, Wilkins, Robson (80. Hodge), Lineker, Hateley, Waddle (80. Beardsley)
Schiedsrichter: Roth (Salzgitter)
Tor: 1:0 Carlos Manuel (75.)
Zuschauer: 20000
Gelbe Karten: Pacheco, Fenwick, Butcher

England – Marokko 0:0 (6. 6.)
Austragungsort: Stadion Tecnologico in Monterrey
England: Shilton, Fenwick, Gary Michael Stevens, Butcher, Sansom, Hoddle, Robson (42. Hodge), Wilkins, Lineker, Hateley (76. Gary A. Stevens), Waddle
Marokko: Zaki, Bouyahiaoui, Khalifa, El-Biyaz, Lamriss (73. Oudani), Dolmy, Bouderbala, Timoumi, Krimau, Merry (87. Souleimani), Khari
Schiedsrichter: Gonzalez Roa (Paraguay)
Zuschauer: 10000
Gelbe Karten: Hateley, Khalifa, Khairi
Rote Karte: Wilkins

Polen – Portugal 1:0 (7. 6.)
Austragungsort: Stadion Universitario in Monterrey
Polen: Mlynarczyk, Wojcicki, Pawlak, Majewski, Ostrowski, Matysik, Komornicki (57. Karas), Urban, Dziekanowski, Boniek Smolarek (75. Zgutczynski)
Portugal: Djamas, Oliveira, Inacio, Alvaro, Frederic, Diamantino, Pacheco, Carlos Manuel, Andre (73. Magalhaes), Sousa, Gomes (46. Futre)
Schiedsrichter: Bennaceur (Tunesien)
Tor: Smolarek (68.)
Zuschauer: 19915
Gelbe Karten: Wojcicki, Dziekanowski

Portugal – Marokko 1:3 (11. 6.)
Austragungsort: Stadion 3 de Marzo in Guadalajara
Portugal: Damas, Oliveira, Inacio, Frederico, Alvaro (55. Rui Aguas), Pacheco, Magalhaes, Carlos Manuel, Sousa (69. Diamantino), Gomes, Futre
Marokko: Zaki, Bouyahiaoui, Khalifa, El-Biyaz, Lamriss, Dolmy, Bouderbala, Timoumi, El-Hadaoui (72. Souleimani), Krimau, Khairi
Schiedsrichter: Snoddy (Nordirland)
Tore: 0:1 Khairi (19.), 0:2 Khairi (27.), 0:3 Krimau (62.), 1:3 Diamantino (80.)
Zuschauer: 25000
Gelbe Karte: Gomes

England – Polen 3:0 (11. 6.)
Austragungsort: Stadion Universitario in Monterrey
England: Shilton, Gary Michael Stevens, Fenwick, Butcher, Sansom, Hoddle, Steven, Reid, Hodge, Beardsley (75. Waddle), Lineker (86. Dixon)
Polen: Mlynarczyk, Wojcicki, Pawlak, Majewski, Ostrowski, Matysik (46. Buncol), Urban, Komornicki (23. Karas), Dziekanowski, Boniek, Smolarek
Schiedsrichter: Daina (Schweiz)
Tore: 1:0 Lineker (8.), 2:0 Lineker (14.), 3:0 Lineker (36.)
Zuschauer: 22000
Gelbe Karte: Fenwick

Achtelfinale

Mexiko – Bulgarien 2:0 (15. 6.)
Austragungsort: Stadion Azteca in Mexico City
Mexiko: Larios, Felix Druz, Amador, Quirarte, Servin, Muñoz, Boy (80. de los Cobos), Aguirre, Negrete, España, Sanchez
Bulgarien: Michailov, Arabov, Zdravkov, Dimitrov, Petrov, Jordanov, Sadkov, Gospodinov, Getov (61. Sirakov), Kostadinov, Paschev (71. Iskrenov)
Schiedsrichter: Arppi Filho (Brasilien)
Tore: 1:0 Negrete (35.), 2:0 Servin (62.)
Zuschauer: 114000 (ausverkauft)
Gelbe Karte: Arabov

UdSSR – Belgien 3:4 n. V. (15. 6.)
Austragungsort: Stadion Nou Camp in Leon
UdSSR: Dassajew, Bessonow, Bal, Kuznetsow, Demjanenko, Jaremtschuk, Aleinikow, Sawarow (70. Rodionow), Jakowenko (80. Jewtuschenko), Rats, Belanow
Belgien: Pfaff, Renquin, Grun (100. Cluysters), de Mol, Gerets (113. Leo van der Elst), Vervoort, Scifo, Vercauteren, Ceulemans, Veyt, Claesen
Schiedsrichter: Frederiksen (Schweden)
Tore: 1:0 Belanow (28.), 1:1 Scifo (56.), 2:1 Belanow (70.), 2:2 Ceulemans (76.), 2:3 de Mol (102.), 2:4 Claesen (109.), 3:4 Belanow (110., Foulelfmeter)
Zuschauer: 27000
Gelbe Karte: Renquin

Brasilien – Polen 4:0 (16. 6.)
Austragungsort: Stadion Jalisco in Guadalajara
Brasilien: Carlos, Julio Cesar, Josimar, Edinho, Branco, Alemao, Junior, Socrates (70. Zico), Elzo, Müller (74. Silas), Careca
Polen: Mlynarczyk, Wojcicki, Ostrowski, Majewski, Prybys, Karas, Urban (83. Zmuda), Tarasiewicz, Dziekanowski, Smolarek, Boniek
Schiedsrichter: Roth (Salzgitter)
Tore: 1:0 Socrates (30., Foulelfmeter), 2:0 Josimar (54.), 3:0 Edinho (78.), 4:0 Careca (82., Foulelfmeter)
Zuschauer: 48000
Gelbe Karten: Careca, Edinho; Dziekanowski, Boniek, Smolarek

Argentinien – Uruguay 1:0 (16. 6.)
Austragungsort: Stadion Cuauhtemoc in Puebla
Argentinien: Pumpido, Brown, Ruggeri, Cucciuffo, Garre, Burruchaga, Maradona, Batista (86. Olarticoechea), Giusti, Pasculli, Valdano
Uruguay: Alvez, Acevedo (61. Paz), Bossio, Gutierrez, Barrios, Pereira, Santin, Rivero, Ramos, Francescoli, Cabrera (46. da Silva)
Schiedsrichter: Agnolin (Italien)
Tor: 1:0 Pasculli (42.)
Zuschauer: 15000
Gelbe Karten: Garre (2), Brown, Francescoli, Acevedo, Gutierrez

Italien – Frankreich 0:2 (17. 6.)
Austragungsort: Stadion Olimpico in Mexico City
Italien: Galli, Scirea, Bergomi, Vierchowood, Cabrini, Bagni, Baresi (46. di Gennaro), de Napoli, Conti, Altobelli, Galderisi (58. Vialli)
Frankreich: Bats, Battiston, Ayache, Bossis, Amoros, Tigana, Giresse, Platini (85. Ferreri), Fernandez (74. Tusseau), Stopyra, Rocheteau
Schiedsrichter: Esposito (Argentinien)
Zuschauer: 70000
Tore: 0:1 Platini (15.), 0:2 Stopyra (57.)
Gelbe Karten: de Napoli, die Gennaro; Ayache

Marokko – Deutschland 0:1 (17. 6.)
Austragungsort: Stadion Universitario in Monterrey
Marokko: Zaki, Bouyahiaoui, Khalifa, Oudani, Lamriss, El-Hadaoui, Dolmy, Bourderbald, Timoumi, Khairi, Krimau
Deutschland: Schumacher, Jakobs, Förster, Eder, Berthold, Matthäus, Magath, Briegel, Rummenigge, Völler (46. Littbarski), Allofs
Schiedsrichter: Petrovic (Jugoslawien)
Tor: 0:1 Matthäus (88.)
Zuschauer: 22000
Gelbe Karten: Lamriss; Khalifa (2)

England – Paraguay 3:0 (18. 6.)
Austragungsort: Stadion Azteca in Mexico City
England: Shilton, Gary Stevens, Martin, Butcher, Sansom, Steven, Hoddle, Reid (58. Gary A. Stevens), Hodge, Beardsley (80. Hateley), Lineker
Paraguay: Fernandez, Delgado, Torales (63. Guasch), Zabala, Schettina, Nuñez, Romero, Cañete, Ferreira, Cabañas, Mendoza
Schiedsrichter: Al-Sharif (Syrien)
Tore: 1:0 Lineker (32.), 2:0 Beardsley (56.), 3:0 Lineker (73.)
Zuschauer: 98 725
Gelbe Karten: Martin, Hodge; Nuñez

Dänemark – Spanien 1:5 (18. 6.)
Austragungsort: Stadion La Corregidora in Queretaro
Dänemark: Högh, Morten Olsen, Busk, Ivan Nielsen, Jesper Osen (71. Mölby), Berggreen, Bertelsen, Lerby, Andersen (61. Eriksen), Elkjaer-Larsen, Laudrup
Spanien: Zubizarreta, Gallego, Camacho, Goicoechea, Thomas, Michel (84. Francisco), Victor, Caldere, Julio Alberto, Butragueno, Salinas (46. Eloy)
Schiedsrichter: Keizer (Niederlande)
Tore: 1:0 Jesper Olsen (33., Foulelfmeter), 1:1 Butragueno (44.), 1:2 Butragueno (57.), 1:3 Goicoechea (69., Foulelfmeter), 1:4 Butragueno (80.), 1:5 Butragueno (89., Foulelfmeter) – *Zuschauer:* 35 000
Gelbe Karten: Andersen; Goicoechea (2), Camacho (2), Michel

Viertelfinale

Brasilien – Frankreich 1:1 n. V.
3:4 nach Elfmeterschießen (21. 6.)
Austragungsort: Stadion Jalisco in Guadalajara
Brasilien: Carlos, Julio Cesar, Josimar, Edinho, Branco, Alemao, Junior (91. Silas), Socrates, Elzo, Muller (72. Zico), Careca
Frankreich: Bats, Battiston, Amoros, Bossis, Tusseau, Tigana, Giresse (84. Ferreri) Platini, Fernandez, Stopyra, Rocheteau (100. Bellone)
Schiedsrichter: Igna (Rumänien)
Tore 1:0 Careca (17.), 1:1 Platini (41.)
Elfmeterschießen: Bats hält Elfmeter von Socrates, 0:1 Stopyra, 1:1 Alemao, 1:2 Amoros, 2:2 Zico, 2:3 Bellone, 3:3 Branco, Platini über das Tor, Julio Cesar an den Pfosten, 3:4 Fernandez
Zuschauer: 68 000 (ausverkauft)

Deutschland – Mexiko 0:0 n. V.
4:1 nach Elfmeterschießen (21. 6.)
Austragungsort: Stadion Universitario in Monterrey
Deutschland: Schumacher, Jakobs, Eder (ab 115. Littbarski), Förster, Berthold, Matthäus, Magath, Brehme, Briegel, Rummenigge (ab 58. Hoeneß), Allofs
Mexiko: Larios, Felix Cruz, Amador (9. Francisco Cruz), Quirarte, Servin, Boy (33. de los Cobos), Muñoz, Aguirre, España, Negrete, Sanchez
Schiedsrichter: Diaz (Kolumbien)
Elfmeterschießen: 1:0 Allofs, 1:1 Negrete, 2:1 Brehme, Schumacher hält Elfmeter von Quirarte, 3:1 Matthäus, Schumacher hält Elfmeter von Servin, 4:1 Littbarski
Zuschauer: 45 000 (ausverkauft)
Gelbe Karten: Allofs, Förster, Matthäus, Quirarte, de los Cobos, Servin, Sanchez
Rote Karten: Berthold, Aguirre

Argentinien – England 2:1 (22. 6.)
Austragungsort: Stadion Azteca in Mexico City
Argentinien: Pumpido, Brown, Cuciuffo, Ruggeri, Olarticoechea, Batista, Burruchaga (76. Tapia), Maradona, Enrique, Giusti, Valdano
England: Shilton, Gary Stevens, Fenwick, Butcher, Sansom, Steven (75. Barnes), Hoddle, Reid (64. Waddle), Hodge, Beardsley, Lineker
Schiedsrichter: Bennaceur (Tunesien)
Tore: 1:0 Maradona (51.), 2:0 Maradona (55.), 2:1 Lineker (81.)
Zuschauer: 114 500 (ausverkauft)
Gelbe Karten: Batista, Fenwick (3)

Spanien – Belgien 1:1 n. V.
4:5 nach Elfmeterschießen (22. 6.)
Austragungsort: Stadion Cuauhtemoc in Puebla
Spanien: Zubizarreta, Gallego, Camacho, Chendo, Tomas (46. Señor), Victor, Michel, Caldere, Julio Alberto, Butragueno, Salinas (64. Eloy)
Belgien: Pfaff, Renquin, Grun, Demol, Gerets, Scifo, Ceulemans, Vercauteren (106. Leo van der Elst), Vervoort, Claesen, Veyt, (83) Brooss)
Schiedsrichter: Kirschen (DDR)
Tore: 0:1 Ceulemans (35.), 1:1 Señor (85.)
Elfmeterschießen: 1:0 Señor, 1:1 Claesen, Pfaff hält Elfmeter von Eloy, 1:2 Scifo, 2:2 Brooss, 3:3 Butragueno, 3:4 Vervoort, 4:4 Victor, 4:5 Leo van der Elst
Zuschauer: 40 000
Gelbe Karten: Tomas, Caldere, Demol, Grun

Halbfinale

Deutschland – Frankreich 2:0 (25. 6.)
Austragungsort: Stadion Jalisco in Guadalajara
Deutschland: Schumacher, Jakobs, Brehme, Förster, Eder, Matthäus, Rolff, Magath, Briegel, Rummenigge (ab 57. Völler), Allofs
Frankreich: Bats, Battiston, Ayache, Bossis, Amoros, Tigana, Giresse (72. Vercruysse), Platini, Fernandez, Stopyra, Bellone (66. Xuereb)
Schiedsrichter: Agnolin (Italien)
Tore: 0:1 Brehme (9.), 0:2 Völler (90.)
Zuschauer: 40 000
Gelbe Karten: Fernandez (2), Magath

Argentinien – Belgien 2:0 (25. 6.)
Austragungsort: Stadion Azteca in Mexico City
Argentinien: Pumpido, Brown, Cuciuffo, Ruggeri, Olarticoechea, Giusti, Batista, Burruchaga (85. Bochini), Enrique, Maradona, Valdano
Belgien: Pfaff, Renquin (56. Desmet), Gerets, Grun, Demol, Scifo, Ceulemans, Vercauteren, Vervoort, Claesen, Veyt
Schiedsrichter: Marquez (Mexiko)
Tore: 1:0 Maradona (51.), 2:0 Maradona (63.)
Zuschauer: 35 000

Spiel um den 3. Platz

Belgien – Frankreich 2:4 n. V. 28. 6.)
Austragungsort: Stadion Cuauhtemoc in Puebla
Belgien: Pfaff, Renquin (46. Franky van der Elst), Gerets, Demol, Vervoort, Scifo (64. Leo van der Elst), Grun, Mommens, Ceulemans, Claesen, Veyt
Frankreich: Rust, Battiston, Bibard, Le Roux (56. Bossis), Amoros, Tigana (83. Tusseau), Ferreri, Vercruysse, Genghini, Papin, Belone
Schiedsrichter: Courtney (England)
Tore: 1:0 Ceulemans (11.), 1:1 Ferreri (27.), 1:2 Papin (43.), 2:2 Claesen (72.), 2:3 Genghini (104.), 2:4 Amoros (109., Foulelfmeter)
Zuschauer: 21 500

Endspiel

Deutschland – Argentinien 2:3 (29. 6.)
Austragungsort: Stadion Azteca in Mexico City
Deutschland: Schumacher, Jakobs, Matthäus, Förster, Berthold, Brehme, Magath (ab 62. Hoeneß), Eder, Briegel, Rummenigge (ab 46. Völler), Allofs
Argentinien: Pumpido, Brown, Cuciuffo, Ruggeri, Enrique, Giusti, Batista, Burruchaga (ab 90. Trobbiani), Olarticoechea, Valdano, Maradona
Schiedsrichter: Arppi (Brasilien)
Tore: 0:1 Brown (22.), 0:2 Valdano (56.), 1:2 Rummenigge (73.), 2:2 Völler (82.), 2:3 Burruchaga (85.)
Zuschauer: 114 660 (ausverkauft)
Gelbe Karten: Matthäus, Briegel, Maradona, Pumpido, Olarticoechea, Enrique

Vorrunde

Gruppe A		Gruppe B		Gruppe C		Gruppe D		Gruppe E		Gruppe F	
Italien		Mexiko		Frankreich		Brasilien		Deutschland		Polen	
Bulgarien		Belgien		Kanada		Spanien		Uruguay		Marokko	
Argentinien		Paraguay		UdSSR		Algerien		Schottland		Portugal	
Südkorea		Irak		Ungarn		Nordirland		Dänemark		England	
Bulgarien – Italien	1:1	Belgien – Mexiko	1:2	Kanada – Frankreich	0:1	Spanien – Brasilien	0:1	Uruguay – Deutschland	1:1	Marokko – Polen	0:0
Argentinien – Südkorea	3:1	Paraguy – Paraguay	1:0	UdSSR – Ungarn	6:0	Algerien – Nordirland	1:1	Schottland – Dänemark	0:1	Portugal – England	1:0
Italien – Argentinien	1:1	Mexiko – Paraguay	1:1	Frankreich – UdSSR	1:1	Brasilien – Algerien	1:0	Deutschland – Schottland	2:1	England – Marokko	0:0
Südkorea – Bulgarien	1:1	Irak – Belgien	1:2	Ungarn – Kanada	2:0	Nordirland – Spanien	1:2	Dänemark – Uruguay	6:1	Polen – Portugal	1:0
Südkorea – Italien	2:3	Irak – Mexiko	0:1	Ungarn – Frankreich	0:3	Nordirland – Brasilien	0:3	Dänemark – Deutschland	2:0	Portugal – Marokko	1:3
Argentinien – Bulgarien	2:0	Paraguay – Belgien	2:2	UdSSR – Kanada	2:0	Algerien – Spanien	0:3	Schottland – Uruguay	0:0	England – Polen	3:0
1. Argentinien 3 6:2 5-1		1. Mexiko 3 4:2 5-1		1. UdSSR 3 9:1 5-1		1. Brasilien 3 5:0 6-0		1. Dänemark 3 9:1 6-0		1. Marokko 3 3:1 4-2	
2. Italien 3 5:4 4-2		2. Paraguay 3 4:3 4-2		2. Frankreich 3 5:1 5-1		2. Spanien 3 5:2 4-2		2. Deutschland 3 3:4 3-3		2. England 3 3:1 3-3	
3. Bulgarien 3 2:4 2-4		3. Belgien 3 5:5 3-3		3. Ungarn 3 2:9 2-4		3. Nordirland 3 2:6 1-5		3. Uruguay 3 2:7 2-4		3. Polen 3 1:3 3-3	
4. Südkorea 3 4:7 1-5		4. Irak 3 1:4 0-6		4. Kanada 3 0:5 0-6		4. Algerien 3 1:5 1-5		4. Schottland 3 1:3 1-5		4. Portugal 3 2:4 2-4	

Achtelfinale

Mexiko – Bulgarien	2:0	UdSSR – Belgien	3:4 n. V.	Brasilien – Polen	4:0	Argentinien – Uruguay	1:0
Italien – Frankreich	0:2	Marokko – Deutschland	0:1	England – Paraguay	3:0	Dänemark – Spanien	1:5

Viertelfinale

Brasilien–Frankreich 1:1 n. V. 3:4 n. Elfmeterschießen		Deutschland–Mexiko 0:0 n. V. 4:1 n. Elfmeterschießen		Argentinien–England	2:1	Spanien–Belgien 1:1 n. V. 4:5 n. Elfmeterschießen	

Halbfinale

Frankreich – Deutschland	0:2	Argentinien – Belgien	2:0

Spiel um den 3. Platz

Frankreich – Belgien	4:2 n. V.

Endspiel

Argentinien – Deutschland	3:2

Inhalt

Eröffnung 3
Vorrunde · Als „zweiter Sieger" ins Achtelfinale . . . 7
Achtelfinale · Feuer frei im K.-o.-System 66
Viertelfinale · Gottes Hand und Maradonas Kopf . . 86
Halbfinale · Und der Kaiser hat doch recht 100
Finale · Der verlorene Sieg 110
Tabellen
Die Fußball-WM in 52 Partie-Telegrammen 122
Abschlußklassement 127

© 1986 Delphin Verlag GmbH,
München und Zürich
Alle Rechte vorbehalten
Satz: Typodata GmbH, München
Druck: Appl, Wemding
Einband: Großbuchbinderei
Monheim
Printed in Germany
ISBN 3-7735-5272-6

24 waren geladen, 20 auserwählt. In Malente stellten sich der Presse: 1. Reihe von links: Littbarski, Herget, Mill, Stein, Schumacher, Immel, Allofs, Thon, Brehme. 2. Reihe von links: Trainer Vogts, Trainer Köppel, Förster, Magath, Eder, Rummenigge, Hoeneß, Gründel, Matthäus, Teamchef Beckenbauer. 3. Reihe von links: Völler, Rolff, Buchwald, Funkel, Briegel, Rahn, Berthold, Allgöwer, Jakobs, Augenthaler. Zuhause bleiben mußten: Mill, Gründel, Buchwald und Funkel.